# 區塊鏈
## 下一波散戶投資錢潮

投資加密貨幣，成為新世代富翁

約翰·哈格雷夫爵士 Sir John Hargrave——著

張家綺——譯

# Blockchain for Everyone

How I Learned the Secrets of the New Millionaire Class (And You Can, Too)

# 目 錄

## Part 2
## 區塊鏈就是未來，不可忽視

## Part 3
## 市場劇烈震盪，同時蘊藏投資機會

# 目 錄

## Part 4
## 讓區塊鏈成為你投資的一部分

# 好評推薦

「一場區塊鏈和加密貨幣的瘋狂雲霄飛車之旅，失敗、致富、科技無所不談，全包含在一篇精采絕倫的故事，這本書絕不是你隨處可見的區塊鏈書。」

—— 斯蒂芬·P·威廉斯（Stephen P. Williams），
《區塊鏈：嶄新世代》（*Blockchain: The Next Everything*）作者

「從一夜致富走到窮途潦倒，又回歸致富的歷程，約翰·哈格雷夫爵士讓我們一窺新創先鋒的真實樣貌。」

—— 提姆·戴波爾（Tim Draper），
德雷珀聯合創投公司（Draper Associates）創辦人

「創業之路極具奮鬥精神，故事充滿高潮迭起，讓人驚喜連連的情節轉折。約翰·哈格雷夫爵士勇往直前，在區塊鏈新世界中展開事業，亦熟練捕捉到這段旅途的精髓。」

—— 小史蒂芬·斯匹奈利（Stephen Spinelli Jr.），
巴布森學院校長

「對任何想投資比特幣或加密貨幣的人來說，本書提供滿滿的實用忠告，傳授不必孤注一擲就發大財的方法。強力推薦。」

　　——亞當·威廉斯（Adam Williams），
世界加密貨幣會議共同創辦人


　　「這本書可以兩種方式閱讀：講述個人轉變歷程、讓人一口氣讀到最後一頁的精采故事，也是一本說明區塊鏈科技改變全世界的歷程。」
　　——納普魯普·薩赫德夫（Navroop Sahdev），
麻省理工學院關聯科學研究員


　　「這本書應該是所有理財顧問的必讀之書，而他們的客戶也不容錯過。」
　　——彼得·帕弗里納（Peter Pavlina），
哈默斯利夥伴公司（Hamersley Partners）創辦人兼總經理


　　「如果你想要投資區塊鏈，這本書可為你提供各式各樣的優良評估架構，從公司到加密貨幣全一手包辦。如果你還不打算投資區塊鏈，這本書絕對能讓你起心動念。」
　　——羅伯·法拉斯卡（Rob Frasca），
科西莫風險投資基金公司（COSIMO Ventures）共同創辦人

「這本書以強而有力的故事帶你一窺區塊鏈投資的大小風
險和甜美果實，讓人上癮。」

—— 賽門‧柯奇恩（Simon Cocking），

《愛爾蘭科技新聞》（*Irish Tech News*）和

《加密貨幣新聞》（*CryptocoinNews*）主編

「這本書提供實用視角和教學，以記者亨特‧湯普森式融
合小說與敘事的寫作方式，看加密貨幣風潮下的人物、缺點、
計畫、渴盼、展望與考驗，帶你認識區塊鏈和加密貨幣的運作
方式，以及未來的潛在走向。」

—— 約翰‧克利平格（John H. Clippinger），

《從比特幣到火人祭》（*From Bitcoin to Burning Man and
Beyond*）共同編輯

「在這資訊紛亂的年代，本書提供讀者一個血淋淋的誠實
觀點，帶你看區塊鏈科技的樣貌，以及它將如何改變新聞乃至
廣告業生態。」

—— 丹‧金斯里（Dan Kinsley），

公民媒體公司（Civil Media Company）首席技術長

前言
# 你不必跟我一樣大起大落，也能發大財

　　2013 年，我以 125 美元的價格購入比特幣。4 年後，同一批比特幣價值飆漲至 2 萬美元，獲利高達 15,900％！

　　被興奮沖昏頭的散戶也一窩蜂買下價值 2 萬美元的比特幣。1 年後，價格慘跌至 3,500 美元，狠狠損失了 83％。

　　跟 1850 年代的淘金夢及 1990 年代的網路泡沫化雷同，「新貨幣」世界的投資人也是幾乎一夜致富。早餐時間還沒到就大發利市，午餐時間卻邊吃飯邊看著這筆錢從指縫間溜走。

　　一般散戶要怎麼不孤注一擲就發大財？

　　我跟你一樣，只是一般投資人，而我選擇孤注一擲。

　　接下來要跟你分享的故事，說來好笑，也讓人心力交瘁。我先是發財、賠錢，然後……其他的你馬上就會讀到。這是一趟令人腎上腺素激增的雲霄飛車之旅，故事引人入勝，角色性格鮮明，讓人一翻開書就停不下來，甚至可能一坐下就直接讀到最後一頁！

　　過程中你會認識比特幣、區塊鏈技術，以及運用這種新貨幣做出理性的投資策略：讓你不必孤注一擲就能發大財。

　　我只是普通投資人，不是財務顧問，所以讀完整篇故事十分重要。你會讀到我經歷忐忑不安的投資風險和獲利的過程，最後再做出屬於你個人的決策。功課做好做滿，仔細思考自己

的情況，投資金額千萬別超過你設定的停損點。

我一開始就做好大失血的心理準備，也確實損失慘重，卻從中獲得一樣無價之寶，那就是我接下來要和你分享的知識，所以請各位看倌善用我的經驗談。

謹祝各位平安健康、財源廣進、幸福快樂。

# Part 1

# 科技革命的投資商機

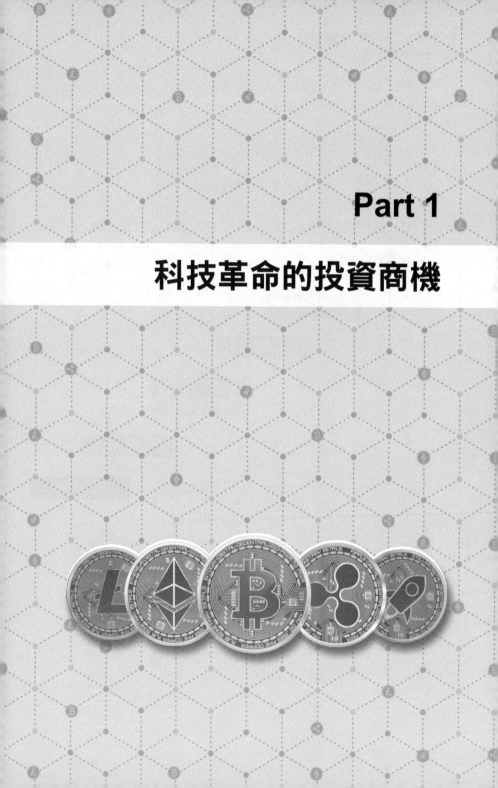

## 科技革命時間軸

| 1750 | 1775 | 1800 | 1825 | 1850 | 1875 | 1900 | 1925 | 1950 | 1975 | 2000 | 2025 |（年）

▲ 臨界點

工業革命

蒸汽火車年代

鋼鐵電力年代

石油、汽車、
製造業年代

資訊電信年代

區塊鏈年代

資料來源：卡洛塔 ‧ 佩雷斯（Carlota Perez）的《技術革命與金融資本》
（*Technological Revolutions and Financial Capital*）。

# 第 1 章

# 我靠區塊鏈重新變有錢

「我要給你一個驚喜。」

1995 年，我和妻子潔德佇立在我任職的科技媒體公司外，一輛黑色加長型禮車猶如油亮光滑的美麗海豚，繞過大樓轉角駛了過來。

我發出輕笑，掐了掐她的手：「這真是史上最棒的生日了。」

「還沒完呢。」她預告。

同事奈德一頭探出天窗，高聲呼喊：「喲！30 歲生日快樂！」

加長型禮車的門一敞開，旋即衝出一窩蜂喧鬧的同事好友，他們都是乘著網路泡沫浪頭的科技業青年。

「這還真是不同凡響。」我和潔德爬進禮車時東看西看。我們公司最近剛在紐約證券交易所上市，眾人逮住這個機會大肆慶祝：頭戴派對帽、手持香檳……座椅上歪斜擺著一盤生蠔。我的朋友兼同事吉娜薇芙爬進車內時，不小心坐到生蠔。

「吉娜坐到生蠔啦！」克里斯大喊，眾人爆笑，就連吉娜

也忍不住笑場。

「吃點蝦吧！」克里斯喊道，丟了一隻蝦給我。「再來一杯鍋爐廠！」他遞給我一杯飲料。

「鍋爐廠是什麼？」我問。

「加了一小杯威士忌的啤酒！」克里斯興高采烈回答，「每個人都來一杯鍋爐廠吧！」加長型禮車駛離時，他的頭伸出天窗。「全波士頓都來點鍋爐廠吧！」他手捉了一把蝦，隨意朝一臉莫名其妙的路人丟了過去，禮車內爆出笑聲。

「飛車釣蝦！」吉娜大笑。

「看來今晚大家會玩得很瘋，」我預言，痛飲一口，味道很像噴氣燃料加上啤酒花。「我們要去哪裡？」

「這是今天的重頭戲，」潔德兩眼閃閃發亮，「你還記得你超想去看的那個喜劇催眠師嗎？」

「不是吧，」我說，「妳是說會邀請觀眾上台，讓人以為自己是隻驢子的那個催眠師？」

「沒錯。」

「你真是全宇宙最貼心的老婆。」我輕輕按了一下她的大腿。

「喂，我們的股票價格多少？」奈德問。

「收盤價稍微超過 19 美元。」吉娜答道，她的手正忙著用餐巾紙按壓不慎滴到洋裝的海鮮沾醬。

一陣沉默瞬間在空氣中瀰漫。眾人表面上裝沒事，卻心算著自己的股票選擇權價值。我很快在腦中計算一下，算出我人

生截至目前為止最大的震撼數字。

我是百萬富翁了！

雖然只是股票，並不是擁有實際的 1 百萬美元，但仍是貨真價實的百萬富翁。我的股票選擇權價值高達 1 百萬美元，意思是我只要在公司多留 1 年，股票價格維持在 19 美元，屆時我就可以脫手，1 百萬美元就會入袋。

總而言之，我在 30 歲生日這天已經是百萬富翁！

沒人知道其他人擁有多少股票選擇權，所以這就成了各自的小祕密。剎那間，加長型禮車歡聲雷動。「嗚呼！」克里斯點燃一根羅馬煙火筒，朝天窗施放。砰。

「你在幹麼？」吉娜笑了出來。砰。

「喂！」禮車司機拍了拍玻璃隔板，「別鬧了。」砰。

我的目光掃向潔德。我知道她也在心裡算過所有數字，可能還計算了稅金、貶值和其他可能的情況，做出最好和最壞的打算，以及 1 年後我們可以變現時的股價。我們親吻彼此。

「你們兩個，去買部加長型禮車吧！」克里斯嚷嚷，接著把頭探出窗戶，「人人有獎哦！」

或許是鍋爐廠調酒的酒精發作，眼前場景瞬間變得不真實。我是在俄亥俄州的中產階級家庭長大的孩子，後來搬到波士頓當喜劇作家。我並不是含著金湯匙長大，也沒有享盡特權，我的其他財產只有一輛本田喜美汽車。而現在，我卻是坐在加長型禮車裡的百萬富翁？

我頭昏腦脹，試著逆向追溯緣由。

- 沒錯，5 年前，我大學畢業後確實是**拚命三郎**。這感覺美好得太不真實，像極了一本小說的開場章節。我環顧四周，納悶我們是否已經到了喜劇催眠師的表演現場，而這場景只是我的夢境。

- 網際網路剛發跡時，**天時地利人和**，我剛好找到一份媒體公司的工作，這間公司專門出版《個人計算機雜誌》（*PC Magazine*）和《電腦買物王》（*Computer Shopper*）等電腦雜誌。

- **我們懂這項技術**。這間公司是最早在線上發表文章的公司之一，所以網際網路公司開始占領華爾街時，我們已經準備就緒。我們不只在網路發表文章，也打造出史上最大的網路王朝，在兩方面都很吃得開。

- 我追求的也是**個人充滿熱忱的事業**：網際網路美妙絕倫，以科技的角度來看是如此誘人，令我難以抗拒。我想跟大家分享，於是將我對科技的熱愛結合喜劇創作，成為一名喜劇科技作家，用簡單明瞭又幽默輕鬆的方式解釋網路。

- 最後，**運氣**的成分也少不了，不過沒有你想的那麼多。（見下頁圖表）

## 成為網際網路百萬富翁的要素

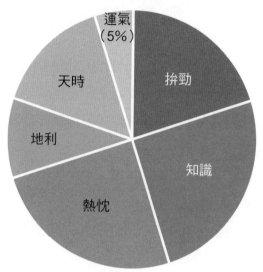

你可以從本書學會「運氣」之外的 95%。

「親愛的朋友們，」我往半空中高舉調酒杯，「能跟你們共度生日是我的榮幸，我愛你們，我愛我的工作，還有我的妻子，」我望向潔德，她雙眼閃閃發亮，「我深愛的妻子。敬各位平安健康、財源廣進、幸福快樂。」

「說得好！」禮車上眾人齊聲吶喊，音響正播放著瑪丹娜的〈光芒萬丈〉（*Ray of Light*），這時有人調高了音量。

「在我所有的決定中，」我低聲對潔德說，「最棒的決定就是娶妳。」我將鍋爐廠調酒一飲而盡，另一手環繞我的此生摯愛，悠哉靠向椅背。書呆子變酷，網路正夯，嶄新媒體成為新興潮流。我心想，沒有比活在這個時代更美好的事了。

結果喜劇催眠師不怎麼好笑，也沒成功催眠我。他邀我上台，加入自願催眠的行列，我卻搶走他的麥克風，想要自己催眠觀眾。

「你們已經很想睡了！」催眠師試圖搶回我手中的麥克風，我含糊不清地說。我拿著麥克風，在應該自以為是驢子的自願者間穿梭。「哦，」我模仿驢叫，行經自願者身邊時輕拍每個人的頭頂。「哦，哦。」

一名保鏢躍上舞台，把我拉了下去，我不小心跌坐在開場樂隊的鼓具，一個鈸落在我頭頂。

「我謹代表鍋爐廠調酒，」克里斯向將臉埋進手掌的潔德竊竊私語，「誠心向妳道歉。」

幾個月後，我再次想起那個鈸，這時整個股市崩跌，網路泡沫化，全球經濟也跟著被拖下水。我和潔德的身價從百萬富翁跌至千元富翁，最後一毛不剩。

然而我們再度奪回這筆財富，這次全憑一種名叫「區塊鏈」的全新科技。

這本書講的是我們從富有走到貧困，又重拾富庶的旅程。我希望你不用走到貧困那一步，所以在此跟你分享這個故事。財富是一場零和遊戲，世上的財富無極限，人人皆有份，而我們可以利用區塊鏈，和大家分享這份財富。

你不需要任何特異功能就能理解區塊鏈，只需要一顆熱愛學習的心。相信你已經具有這種精神，才會讀這本書吧！所以當個汲取知識的海棉，解你對知識的渴。

　　我曾以為網路時代是史上最值得活著的年代，從沒想過自己能那麼幸運，再次親身體驗這種興奮和活力。真要說起來，區塊鏈甚至更好。

　　接下來，就是我踏上區塊鏈革命前線的故事。

# 第 2 章

# 或許你會對比特幣有誤解

　　馬丁的辦公室最讓我印象最深刻的，莫過於那個魚缸。

　　不是那張昂貴的桃花心木桌，不是進口的中國糖罐，也不是擺滿馬丁和眾多科技總裁合照的書架，而是像是直接從海洋世界空運而來的驚人魚缸。

　　「馬丁，你根本要把新英格蘭水族館逼上絕路，」我說，充滿敬意地望著周圍滿是神仙魚的珊瑚，馬丁的魚和他毛躁蓬髮的倒影皆令我深深著迷。那天天氣非常潮溼。

　　他啞然失笑。「想要擁有這樣的魚缸，祕訣就是找對魚商。」說到最後 4 個字時，他的手指戳著空氣，加以強調。「我的魚商會全部安排妥當，我只管享受就好。」

　　馬丁當然有自己的魚商。他的第一段事業就是成功的科技主管，特別被聘請去拯救深陷泥沼的公司。「退休」後，他又展開事業的第二春，擔任創業顧問和早期投資人。在波士頓的創投界，大大小小的事務都得先經過馬丁這一關。

　　「言歸正傳。」馬丁指向兩張皮椅，我們坐了下來。他穿著一套中規中矩的科技投資人制服 ── 巴塔哥尼亞*背心和牛

仔褲。可是那頭蓬髮！他的頭髮八成就是他的正字標記。略微叛逆的百萬富翁，很好的品牌標籤。

我取出筆電，打開投影片。「好消息是，我們公司媒體風暴（Media Shower）今年成長率比去年多出了 25％。」

「了解。才 25％？」

「呃，其實這也算壞消息。」

他頓了頓。

「『曲棍球棒式成長』，」他說，「投資人希望看見的是朝右上方成長的趨勢。」

「別忘了我們是白手起家的公司，靠的全是我們的血汗和積蓄。我和潔德可是拚了老命，每週工作 60 個鐘頭，多久，5 年了嗎？還是 10 年？我都記不清楚了。」

「那請問你們的規模有多大？」

「年收入 2 百萬美元。」

「對於一間夫妻經營的公司還算不錯，」他這麼說的同時我忍不住蹙眉。「你們希望成長多少？」

「10 億美元。」

「收到。我再說一次」，馬丁把手拱成 45 度角——『曲棍球棒式成長』。」

「你看一下，」我掏出我那本 Moleskine 筆記本，「這是我每天對自己的信心喊話，」我攤開每一頁「也是我的駭心

---

* Patagonia，美國的戶外運動用品品牌。

術。」

「是嗎，你只達成 0.2％。」

「這是 10 億美元的模樣。我要這間公司在宇宙間留下深刻印記。」

「你想要成為下一位賈伯斯。」

我經營一間十億美元資產的公司
我經營一間十億美元資產的公司
我經營一間十億美元資產的公司
我經營一間十億美元資產的公司
我經營一間十億美元資產的公司
我經營一間十億美元資產的公司
我經營一間十億美元資產的公司
我經營一間十億美元資產的公司
我經營一間十億美元資產的公司
我經營一間十億美元資產的公司
我經營一間十億美元資產的公司
我經營一間十億美元資產的公司
我經營一間十億美元資產的公司
我經營一間十億美元資產的公司
我經營一間十億美元資產的公司
我經營一間十億美元資產的公司
我經營一間十億美元資產的公司

「難說，畢竟這位置最近剛空下來。」

「好，」馬丁對此十分冷漠。「我們來回顧一下你的職業生涯。你一開始是喜劇作家，對吧？」

「很抱歉我不是哈佛畢業生，」我說，「不過我有回頭攻讀工商管理學院。」

「那是你被開除前，還是開除後的事？」

「哪一次？」

「你被開除好幾次？」

我聳聳肩。「有些人生來就是當領袖的料，不該是小職員。」

「所以你從喜劇跳到工商管理學院，現在則創辦這間小型網際網路公司。」「小型」這兩個字像是一顆鋼絲球，刮著我毫無防備的自尊。「你們現在有多少客戶？」

「我們公司，」我像是刺蝟般豎起尖刺，「有一百多名客戶、十幾個全職員工、100 名自由接案人員。」

「好。是這樣的，科技投資人都在尋找下一個臉書，他們要的是獨角獸。」

「什麼獨角獸？」這是我第一次在童話故事之外聽見這個名詞。

「擁有 10 億美元資產的公司。」

「獨角獸不是真實存在的動物。」我指出事實。

馬丁伸手拿了一顆進口糖，若有所思地拆開包裝紙，丟進嘴裡。

「獨角獸只是神話。」我補充，強調我的重點。

「我在想要怎麼讓你從 200 萬資產躍升 10 億美元，你換過很多次事業跑道。」

「你知道誰也換過這麼多次跑道嗎？」我回擊，「大自然。大自然不斷嘗試新事物，只不過人類把這稱作『演進』。」

馬丁拱起眉毛，陷入沉思般歪著頭。有道理。「你現在走的這條路沒什麼不好，問題是如果你想要更上一層樓，就必須加快演進速度。市面上有多少網路公司？」

「我不曉得，數不清。」我兩手一攤，「競爭激烈。」

「那是因為所有公司都是同樣套路。你們賣的一樣是鹽巴，只是外包裝比較高檔，內容物說到底還是鹽巴。」這幾句話很傷人，但我也是為了聽實話才聘請他。

馬丁吃糖時魚缸發出低沉嗡鳴，午後日光像是一圈毛躁光暈，籠罩著他的頭髮。

「你如果真想致富，」他說，「其他人往左時，你就得往右。」

「別人往右時，我就往左。」我下意識舉一反三接道。

「很好，那你的公司肯定有什麼特別之處吧。」

「我們已經談過這一點了，馬丁。」

「那麼就想法來說，你覺得什麼最有意思？你偶爾也得聽從自己的熱血。」

「區塊鏈。」這幾個字脫口而出。

「區塊鏈是什麼？」

「你聽過比特幣吧？」我問。

「當然，那是一種電子貨幣吧，人們會用這種貨幣在暗網上買毒品。」

「馬丁，你在開玩笑嗎？這可是偉大的現代科技成就之一，你卻把它說成販毒貨幣？比特幣才不只如此。」我再度翻開 Moleskine 筆記本，草草寫下：

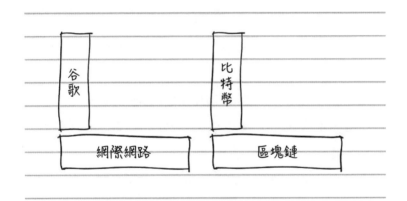

「這是網際網路，」我解釋，「把網際網路當成我們打造谷歌等網站的平台。可是網際網路怎麼運作？我這輩子工作都脫離不了網際網路，而我現在還是覺得背後操刀的是倉鼠。」

「你不用真正懂引擎才會開車。」

「正是如此。」我的手指向他。「現在你可以把區塊鏈試想成一個類似網際網路的平台，這就是比特幣的底層技術，我覺得日後發展會很不得了。」

「怎麼說？」

「你有看見最近比特幣的價格嗎？」

我的顧問搖頭。

「馬丁，超過 100 美元啊！有人當初只花 1 美元買下比特幣。試想一下，要是你幾年前買下總價 1 萬美元的比特幣，現在就有 1 千萬美元了！」

「是 1 百萬美元。」馬丁糾正我。

我的臉頰尷尬地漲紅。「我要說的重點是，」我不禁結巴，「區塊鏈大有前途。我們剛接下一個銀行大客戶的委託，他們要我們寫一系列有關比特幣的文章。」我向他公布這間銀行的名號。

他吹了聲口哨：「這公司是很值得驕傲。」

「這可是天大的好機會，馬丁。我已經做好心理準備，不是搞大事業，就等著回家吃自己。」

「好吧，那希望我們能搞大事業。」馬丁露出微笑，「我可不希望你回家吃自己。」

「不過話說回來，要是我們真的回家吃自己，」我回他一抹微笑，「不也有損你的專業形象嗎，我的顧問先生？」

這時自動設定的計時器關閉，魚缸瞬間變黑。那魚商果真不是蓋的。

# 第 3 章

# 比特幣將打亂現有金融秩序

「瞧瞧這景象，居然還有『人類』在這種地方工作。」

我和潔德坐在當地銀行大廳，凝望著兩名戴眼鏡的出納員，正在應付一整排利用午休時間辦事的客人，就像一條正慢條斯理吞噬田鼠的蛇。我大學時期曾在這開了一個帳戶，之後他們併購了十家銀行，我們的個人和企業帳戶、房屋貸款、信貸額度就全歸他們管了。

「那當然，」我內人甜滋滋回道，「而且我每週也會到這裡排隊，和『人類』交談。」

「真的感激不盡。若要我每週來這排隊，我一定會發瘋。」

「總要有人把客戶的支票存進帳戶吧，」她看了一下手機說，「這樣有人才能帶客戶去應酬喝酒。」

「只有應酬，」我糾正她，「我已經 8 年沒喝酒了。」

「你今早不是還在抱怨，說自己沒空靜坐冥想。」

「冥想就是我沒再喝酒的原因。」

「今天要早點回去接孩子們。」她盯著手機螢幕說。

「我連吃飯應酬都意興闌珊，」我坦承，「感覺好虛偽，就像是希望他們快點把錢交出來，我們就帶你去吃好料。我們何不少收他們一點錢，讓他們自己去吃好料，我們也省去經紀人那筆費用？」

我把手擱在她膝上。她另一隻腿跨上我的手背，壓成一個人手三明治。

一個有著愛爾蘭口音的熱情招呼聲嚇得我們差點跳起來：「哎呀，約翰‧哈格雷夫，真是萬萬沒想到！」

「噢，老天，」我倒抽一口氣，「我以為我們被愛爾蘭矮妖襲擊哩！」

銀行辦事員爽朗大笑。他一身亮綠色領帶、花呢外套、過於寬鬆的卡其褲。「真開心在健身俱樂部之外的場合見到你。」

「我也很開心見到你，西恩。」我笑了。「你還記得我太太潔德吧。」

「榮幸之至，」西恩握了一下她的手，「請妳吃根棒棒糖吧？」他指向一盆銀行內放置的糖果，「四種口味都很好吃。」

「拜託請說『粉紅心、黃月亮、橘星星、綠色幸運草』。」我央求他。

「別忘了藍鑽石！」他逕自補充。「快進來坐下吧。」

「還真是復古，我居然在跟銀行辦事員交談，」我說，同時掏出一疊紙。「我以為這種面談早就隨著自動提款機和電子

支票的出現而消失了。人力很昂貴，而機器只需要吃油。」

「哎呀，這話可千萬別對我老闆說，」西恩面無表情，「他是機器人。」他比出喝東西的動作，「油出了點小差錯。」

「是這樣的，西恩，」我把那疊紙推過桌面，「我們需要匯一筆款項至白俄羅斯。」

「白俄羅斯有啥搞頭？」

「我要買一種叫作比特幣的東西。」

「比特幣又是什麼東西？」

「你沒聽過？」

西恩搖搖頭，目光掃向匯款資訊。

「那是一種新型態的數位貨幣。」

「拜託別讓他說下去。」潔德央求。

「而且這可是有史以來的史詩級創始故事。」

 **比特幣的起源**

這絕對比任何超級英雄的創始故事還要精采，因為完全是真人真事！

2008 年，有一個名叫中本聰的神祕人物，在網路上發表一篇名為「比特幣：點對點式電子貨幣交易系統」的論文。文中，他描繪他對這種新型態電子貨幣的遠景。想像一個世界，能把錢像是傳送電子郵件一樣，輕而易舉地匯給他人。

　　之前有人嘗試過使用電子貨幣，但最後都失敗收尾，畢竟在網際網路複製音檔、影片、政府機密文件等資料，實在太容易。

中本聰的概念是融合幾種新科技，例如密碼學、點對點檔案分享、區塊鏈，以此打造一種值得信賴且安全無虞的數位貨幣。他為這種貨幣取名為**比特幣**。

**比特幣**

　　最知名的區塊鏈專案，是一種可讓人像寄電子郵件般輕鬆匯款的「數位貨幣」。

　　沒人知道中本聰是何方神聖，不過既然是網際網路，也就沒什麼人在意。接下來的兩年，他創造比特幣科技，招募一小群核心程式設計師，替他進行測試、研發、改良，而他們參與該設計案的獎賞，就是一小筆比特幣。在當時，比特幣根本一文不值，頂多只能拿來說嘴。

　　沒人見過中本聰本人，畢竟他都是透過線上論壇和郵件與人溝通交流。與此同時，比特幣開始崛起，勢力和規模大幅成長。跟網際網路一樣，比特幣也是在共享網路上經營，而為該網路貢獻電腦技能的「礦工」，便能獲得一小筆比特幣。而這時除了拿來說嘴，比特幣仍然一文不值。

　　這形成了一種良性循環：礦工的「酬勞」是比特幣，這也讓他們更賣力貢獻電腦運算能力。畢竟誰曉得，如果有一天比特幣變值錢了呢？

　　中本聰孜孜不倦在幕後默默耕耘，清除程式錯誤、建議改良方針、控制非預期的事，卻始終沒人見過他本尊。到了2010年，事情變得更詭譎，中本聰開始把所有原始碼傳送給研發團隊。然後自己就這樣人間蒸發了。

他留下好幾個至少有 1 百萬比特幣的個人帳號，[1] 幾年後價值超過 190 億美元，但他卻再也沒領過這筆錢。

誰會做這種事？有誰會創造出改變世界的科技，然後一夕消失，留下一大筆財富？

大家都能清楚看見他的帳戶內容，如同一個透明的銀行金庫，而這就是比特幣的特性，可是除非經過他的許可，否則沒人可以碰這筆錢。沒有銀行能「持有」比特幣，這也是比特幣的特性之一，於是中本聰可以安心地隱姓埋名，他的錢一直放在那裡，凍結在時空中。

對比特幣充滿狂熱的人曾試圖追查中本聰的真實身分，陰謀論者或是語言學家都認真鑽研他所發送過的每一則訊息，試圖找出他的國籍，或是他所處的時區。

2014 年，《新聞週刊》（*Newsweek*）以為自己掌握了獨家消息：他們發現一個居住於美國加州、名為多利安・中本聰的男子，可能就是中本聰本人。但這人矢口否認，就連世界頂尖的調查記者也毫無頭緒。中本聰也許其實是女性，或是一個集團，抑或政府。甚至可能是外星人！誰也說不準。

比特幣是觸發區塊鏈的「大爆炸」事件。雖然中本聰已經憑空消失，但他的發明卻占領了整個地球。

我為故事下總結時，西恩正俯首查看匯款文件。「有意思。」他漫不經心地喃喃。

「試想一下我們的生活曲線，西恩，我們是怎麼從紙張走到數位化的，」我暗示他，「你還記得寄紙本信嗎？以前需

要 3 天才能寄達，現在我們只需要電子郵件；你記得紙製地圖嗎？一張地圖需要 3 個人合力打開，而現在我們用谷歌地圖就可以了。」

「好了，都搞定了。」西恩說，順手合攏散亂的那疊紙。「3 天後款項會匯至白俄羅斯。」

我眨了眨眼：「你是出動蝸牛匯款嗎？」

「不是，國際轉帳就是這樣，要 3 個工作天。手續費你要怎麼支付？」

「手續費多少錢？」

「35 美元。」

「就為了匯一筆錢？」我再三確認。

「匯到白俄羅斯，沒錯。」

「西恩，現在你懂我的意思了嗎？比特幣將會打亂現有秩序，」我手掃向室內，「我們不需要銀行，就能隨時隨地匯款至世界各個角落。你該更新履歷表了。」

「或許吧」西恩微笑，「所以你打算怎麼支付匯款費用？」

「用過時的紙鈔吧。」我含糊地說，掏出皮夾。

「你知道自己在做什麼嗎？」他問，再次低頭凝視我們準備匯至白俄羅斯的那筆款項，一個看不見的所在。他轉過頭問潔德，「他知道自己在做什麼嗎？」

「你知道自己在幹嘛嗎？」這是潔德第一百次問我。

「聽我說，我已經做好最壞的打算，大不了輸個血本無

歸，」我告訴他們，「這是我的預備金，如果我不拿來買比特幣，也會用來買谷歌的股票。」

「你還打算把你的駕照寄給他們？」西恩的手指輕敲著我的駕照影本。「這些人是誰？」

「其實我也不清楚，」我坦白說，「但我已經做過功課，那就是買比特幣的地方。他們需要我的駕照才能確認是我本人，全托 KFC 法的福。」

「KYC 法，」西恩糾正我。「KFC 是肯德基炸雞。」

「我們還很菜。」潔德解釋道。

「好吧，」西恩搖頭，「我先去匯款了。」他走出室內。

事實上，我的行動確實比我想得衝動。多虧 coinbase.com 這種對使用者友善的服務，現在要買比特幣容易多了。當時我可是毫無把握還能再看到那筆錢。

「所以我們究竟要買什麼？」潔德打破沉默問我。

「比特幣。數位貨幣。要是妳覺得比較好理解，可以把它想成一種股

**KYC/AML**

「認識你的客戶（Know Your Customer）」和「反洗錢（Anti-Money Laundering）」這兩種法律要求匯款人提出顧客為真人的證據，通常是要求對方提供有照片的身分證明。

所以購買比特幣或進行其他數位投資時，請備妥並提供身分證明。

重點畫起來

票。需要的時候，隨時可以脫手換回現金。」

「可是它的價格也跟股票一樣會浮動吧，」她反駁，「我們可能會賠錢。」

「或者賺錢。」

「手邊留一些現金比較安全。這個月我們手頭有點緊，我們的新銀行客戶一直拖延付款。」

西恩猶如一陣旋風回來，「完成！」他說，並把匯款收據遞給我。

「嘿，西恩，」潔德轉移話題，「猜猜我們的新客戶是誰？」

「誰？」

「你的銀行！」

「什麼？是我們分行嗎？」

「不，」我笑了，「是另一個部門，但還是同一家銀行。」

「太棒了，」他說，「所以你們是我們銀行的公關囉？」

「對，對你們來說算是一份小差事，但對我們來說是了不起的大工程。我們將寫下全新的金融科技。」

「問題是他們拖欠款項。」潔德主動提起。

「這點我也愛莫能助，」西恩兩手一攤，「已經超出我的權限了。」

「不是，我是想請你幫我們提高信貸額度，」她解釋，「要是客戶拖延款項，有較高的信貸額度，對我們至少有點幫

助。」

「我可以幫忙申請，」他回道。「不過會需要一段時間。」

「比 3 天更長？」我插嘴。

「我們已經領教過了，」潔德說。「我來準備資料。」

「好主意。請留意妳的電子信箱。」西恩站起來和我們握手。「祝你們購買比幣順利。」

「是比特幣。」我糾正他。

然後我等了 3 個難以忍受的工作天，看看是否成功買到比特幣，或者買到假的「比幣」，被詐騙了。

# 第 4 章

# 交易帳本安全、誠實又透明

　　「撲克牌之夜」通常都在科克家舉辦。我們4個好朋友中，他是唯一的單身漢。

　　他對《魔戒》（*The Lord of the Rings*）作者托爾金（J.R.R. Tolkien）非常著迷，屋內各個角落都充滿《魔戒》的影子，像是占了一整面牆、精緻手繪的中土地圖，以及閃閃發光、掛在壁爐上方的哈比劍。那可不是電影道具，而是貨真價實的劍。

　　「你有砍過哥布林嗎？」我問他，摸了摸銳利的刀鋒。

　　「只砍過一隻半獸人。」他答道，順手遞給我一罐氣泡礦泉水，我跟他的啤酒碰杯。科克的模樣有點像哈比人，個頭比我嬌小的朋友不多，他是其中一個。跟全國廣播公司（CNBC）的吉姆・克瑞莫（Jim Cramer）幾乎是一個模子印出來的，只是看起來比較溫和友善。

　　「我又陪孩子讀完一遍《魔戒》，」我說，「真是一段魔幻之旅。」

　　「你說什麼？」科克有一點聽力障礙，這是遺傳自他母親。我一直不確定他究竟聽見多少、沒聽見多少。

「你們要玩嗎？」阿班問。他正在具有賭城風格的圓形撲克牌桌上發著撲克籌碼。如果說科克是哈比人，那阿班就是氣質空靈的精靈，伊凡則是黝黑的矮人。

我坐下，往桌上扔出 20 美元。

「土豪。」阿班衝口而出。

「各位，我今天興致高昂，今晚我可是驕傲地買下了比特幣。」

「是喔。」伊凡洗牌，說道，「我在華頓商學院讀工商管理時有讀到比特幣。真的很有意思，很像電子貨幣，但是點對點式的。」

「不需要銀行插手，」我證實他的說法。「政府也不能介入，買家能直接擁有這筆財產。阿班，像你這種自由主義者可能會有興趣。我下注 5 美元。」

科克叫牌。

「我不跟。」阿班蓋上他的牌。「所以比特幣能買什麼？」

「這個嘛，目前什麼都還不能買。」*

「等於是不能當現金使用的電子貨幣。」阿班臉上掛著一種心照不宣的笑意，可以說迷人，也可以說嚇人，或者兩者皆是。

---

* 2020 年美國第三方支付巨頭 PayPal 已宣布承認比特幣為貨幣，可進行消費與交易。

「我把它當作投資，」我回答，「投資客可能會有興趣。」

「比特幣聽起來比較像投機，不是投資。」

「我不跟。」伊凡說，「你要多少牌？」

「給我 2 張，」我答道。科克也拿了 2 張，我仔細觀察他，他一臉鬱悶，於是我加注，「我要再押 5 美元。」

科克猶豫了，「不跟。」我鏟起我贏來的賭金。

「那你到底擁有什麼？」阿班問。「我買股票有證券，你有收據之類的東西嗎？」

我開始洗牌。「我有公鑰和私鑰。」

「真實的鑰匙嗎？」科克問。

「不是，是一串文字和數字組合而成的序號，很像電子信箱。」我邊說邊發牌。「公鑰就像電子信箱，能跟任何人分享；私鑰則好比密碼，而我是唯一能使用私鑰的人。」

「要是弄丟私鑰該怎麼辦？」阿班問，他敲了下桌面，不下注。

「那你就什麼都沒有，」我轉過頭面對科克，努力裝出伊恩‧麥克連（Ian McKellen）* 的語氣和神情，「所以記得收在安全的地方，切莫告訴別人。」

伊凡敲了一下桌，他也不下注。輪到我下注，我坐著陷入思忖，交替洗著我的籌碼，籌碼發出令人心滿意足的咯咯聲

---

* 電影《魔戒》中，飾演甘道夫的演員。

響。我抱走所有賭金的機率很高，即便我其實只有一張 K。不過阿班也可能只是在演戲？

「可不可以別那樣洗籌碼，」科克問我，「很傷助聽器。」

「抱歉，我下 20 美元。」我把一疊籌碼推上前。

「我不跟。」科克丟出他的牌。

阿班用心照不宣的笑意掃視我。「我跟你的 20，」他推出厚厚一疊籌碼。

「謝謝你阻止他胡做非為。」伊凡丟牌。

「K 高牌。」我把牌擺在桌面中央。

「A 高牌，」阿班沉著地亮出他手中的牌，聚攏所有贏得的賭金。「王者歸來。」他宣布，然後把我的牌交還給我。

「他們使用的是分散式帳本技術。」伊凡說。

「快來教教學校老師，」科克切牌，「所謂的分散式帳本技術是指？」

「你有聽過會計修士嗎？」伊凡問他。

「請說。」

 **開啟現代金融體系的記帳方式**

　　盧卡・帕西奧利（Luca Pacioli）是 16 世紀的方濟各會修士，也是一名天才數學家。他跟李奧納多・達文西（Leonardo daVinci）是好朋友，並且發展出淺顯易懂的傳授代數方法，閒暇之餘則發明會計。

這名會計修士也是簡化界的第一把交椅。會計已經行之百年，真正寫下教學手冊、傳授會計規則和其他教義的卻是帕西奧利。

帕西奧利發明了一方為借、一方為貸的複式分錄簿記。這種做法不僅可以讓我們輕鬆追蹤誰欠款，也開起新紀元和現代金融體系，可說是數學的一大里程碑。

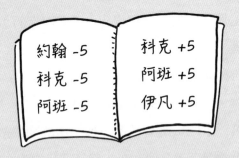

帕西奧利亦發明了會記帳本的概念。每次銷帳或查看線上帳戶，你使用的都是這種帳本。對帕西奧利來說，銷帳是一種「道德義務」，[2] 乾淨的帳本可以反映出潔淨的性靈。

### 中心化

任何由中央機構持有或控制的系統（公司、政府等）。現代人類機構多半屬於中心化。

重點畫起來

帕西奧利心想，倘若追求金錢是萬惡根源，那麼確實的會計帳務就是良善根源。只要明確分配價值，良善就此扎根（而他的概念此時此刻也正在你腦中扎根）。

過去幾年來，會計帳本一直都是**中心化**系統，意思是由一人（例如會計）或

某機構（好比銀行）擁有。讓會計修士幫你記帳不成問題，但並非所有會計師都是聖人。

事實上，我們近年來經歷的金融風暴，從 2001 年的安隆醜聞乃至 2008 年的金融海嘯，都是不誠實的會計記帳和財務不透明所致。我們相信會計師和審計員告訴我們的皆屬事實，但又有誰來審查審計員？

我不能代替帕西奧利發言，不過既然他已經不在人世了，我在此幫他說句話。這位會計修士受夠了老愛做假帳的貪腐公司，於是動了改革的念頭。

我們就稱這是**唯獨天上有的偉大支票簿**。

會計帳本記錄追蹤借貸、現金出入流向，而區塊鏈只是把會計帳本公開放在線上，好讓大眾核對是否正確，就像開源資料。

以上就是認識區塊鏈的關鍵。

諸如比特幣等以區塊鏈為主創造的貨幣，打從區塊鏈一開始，人人都看得到每筆比特幣交易，每一枚比特幣都逃不過世人法眼。由於人人看得見，人人都能核對帳本是否正確，可說是相當安全、誠實、透明。

我們現在講的是**分散式帳本**，不是會計師桌上的大型紙帳本，而是在網路上與幾百萬使用者分享的分散式帳本，就像眾人參與銷帳的大型支票本。

**分散式帳本**

像是共享支票簿或大型試算表，開放給全世界的人使用。**唯獨天上有的偉大支票簿**就是區塊鏈的核心。

大學問

　　「你簡直是人類維基百科。」伊凡說完會計帳的原由後，科克對他說。

　　「所以想像這些代幣就是我的比特幣，」伊凡繼續說下去，指向他那疊籌碼。「我可以給你 5 枚，阿班 5 枚，約翰 5 枚，」他把這幾堆籌碼分別推到我們面前。「就像一本大型支票簿，這些都存在帳本上，這本支票簿不是某個人的，而是開放給所有人看，所以是開源貨幣。」

　　「那支票簿在哪裡？」科克問。

　　「分散在幾百萬台電腦裡，」我說，我在腦海中思索適合的譬喻。「記得我們曾經開過『LAN 派對』吧？」

　　「當然。區域網路派對，史上最棒。」

　　「每個人都能連上電腦一起玩遊戲，可是誰擁有網路？沒有人，我們只是把電腦連上線，區塊鏈就是這樣。支票簿在所有電腦中分享，就像網路。」

「要是出現爭議呢？」科克問。「譬如伊凡說他給了我們 5 枚代幣，可是我們其實只拿到 4 枚。」

「這就是這個系統的美妙之處，」我回答，「**共識**。系統設計成讓多數人主宰。」

**共識**

人們對儲存在區塊鏈的資料達成共識。有好幾種達成共識的方法，我們稍後會再討論。

白話解釋
A
B C

「梭哈，」科克宣布，「看好了，準備痛哭流涕吧。」他為每個人發出 5 張牌。

「所以你的比特幣價值多少？」阿班啃著一根胡蘿蔔問我。

「135 美元！」我露齒而笑。「當初買價是 125 美元。你知道我靠這項投資賺了多少錢嗎？」

「IBM 是投資，蘋果電腦是投資，」阿班看著自己手裡的牌，「比特幣不是投資。打牌也不是。」他把一疊籌碼往前推，「這叫賭博。」

「你下 20 ？」伊凡說，「我不跟。」

我仔細觀察阿班，卻完全看不透他。我手裡有一對 K。

「我跟你的 20，再加注 20。」我冷冷回應。

「你們倆玩盡興點。」科克說，然後攤牌。

阿班臉上沒有露出遲疑的表情。「全下。」他把整疊籌碼推向前。

「那我也全下，」我說，「我的『全下』比你少，所以我要再追加這張咖啡集點卡。」

「來吧。」科克說。

「這張咖啡集點卡已經蓋滿 9 格，」伊凡幫阿班指出，「第 10 杯免費贈送。」

「好，我跟你的咖啡集點卡，再加注一條健身手環，」阿班邊說邊取下他的健身手環。「有史以來第一個穿戴型健身追蹤器。」

「嗯，」我掃視屋內。「好，我跟你的健身手環，再加注」，我衝到科克的壁爐前，硬生生從裝飾架上拆下那把劍，「這支哈比劍！」我笨拙地在頭頂揮舞著劍。

「你別揮到史汀！」科克大喊。

「你不能過！」我故意逗阿班，把劍往我面前一劈。

「小心桌子！」科克嚷嚷。

我戲劇性地把劍扔上撲克牌桌，發出砰的聲響。

「來吧，快點揭曉，」伊凡吃著玉米片說，「你有什麼好牌？」

「一對 K。」我翻牌。

阿班似笑非笑的表情始終未退。「太可惜了。」他翻開一張 A。

「A 高牌？A 高牌！哈哈，王者歸來！」我伸出手準備撈起賭金。

說時遲那時快，他掀開另一張 A。「不是投資，」阿班收起所有賭金時，又說了一遍，「這叫賭博。」

科克用死魚眼瞪著我，「你欠我一把劍。」

第 **5** 章

# 為什麼比特幣具有金錢價值？

　　只能自創新詞，否則無法形容拉斯維加斯會展中心的寬敞，例如「巨龐大」或「瘋狂大」，室內甚至寬敞到可以下起鈔票雨來。大概只有幾百美元，但從天花板飄落下來時，感覺有很多。我敢說這場活動的主辦單位，想像的是媒體混亂搶拍，一群貪婪的參展群眾追逐鈔票的畫面，而且灑的是真鈔！

　　萬萬沒想到，現場只有小貓 5、6 隻，且大家一臉茫然。

　　身穿亮紅色吉祥物服飾的男子跳進現場，從地板上撈起鈔票，灑向湊熱鬧的人群身上，好像在給他們第二次機會。大多吉祥物臉上都會堆滿笑容，唯獨這隻滿臉憤怒，寫著「難搞」二字。

　　「哎，」我望著彼得，「這絕對是有史以來最難堪的商展。」

　　我們已經參加好幾屆這場行銷會展，鼎盛時期展覽曾占據整座會展中心的南廳，現在已是大不如前。

　　「與他們當初承諾的參加人數相距甚遠，」彼得深表同感，「但只要談成一筆交易，我們就付得起場地費了。」他永

遠這麼樂觀，果真是難得一見的銷售副總裁。

　　幾個看展群眾自告奮勇衝上去、撿起地上的「午餐餐費」，員工卻已開始把剩餘鈔票鏟起來。

　　「我們的試算表目前進展如何？」

　　「12 個。」彼得回答。

　　「哎啊。」

　　彼得的目光越過眼鏡上緣仔細盯著筆電，試算表放大至 3,000％，螢幕上只顯示 2 格。

　　「2、3 個屬於高機率，一個中等，其他低機率。」

　　我嘆了口氣。「至少我們沒有花錢請吉祥物。」

　　彼得笑了：「那東西長得很像痘痘。」

　　這下子吉祥物明顯一臉洩氣，試著強拉人進攤位，遭拒時兩隻胖手沮喪地往空中一攤。

　　彼得咯咯笑了，他摘下眼鏡，抹著眼睛。「拜託，光是這個吉祥物就值得民眾買票入場。」

　　「那是因為花錢的人不是你」我心想。

　　「說到價錢，比特幣今天價格多少？」

　　說到這裡，我的心情總算好轉。「老兄，將近 1,000 美元了。」

　　「1 比特幣價值 1,000 美元！」彼得搖搖頭，「我應該感謝過你了吧？」

　　「我只是把消息告訴你，」我反駁，「下決定的人是你自己。」

「你打算變現嗎？」

「正有此意，」我坦白說，「漲至 1,000 美元時，我預計賣出一部分，去投資蘋果電腦。」

商展的走道空空如也，我們倆有的是時間聊天。「1,000 美元！」彼得再次驚呼，「你能想像以 100 美元購買蘋果股票，兩年後價格飆漲至 1,000 美元嗎？你覺得會漲到多少？」

「10 萬美元都有可能，」我站了一整天，飢腸轆轆。「你知道 1 千萬美元的披薩吧？」我開始說起故事。

##  價值 1 千萬美元的披薩

時間回到 2010 年，當時中本聰還沒退出，滿是怪咖和極客的比特幣社群正日漸壯大。早期有個叫作拉斯洛‧漢耶茲（Laszlo Hanyecz）的熱血男子，心想比特幣要是真的是數位貨幣，就應該在真實生活中拿來消費。

於是他做了一件對電腦駭客來說很合理的事：他訂了兩塊披薩。

拉斯洛在早期的比特幣論壇張貼一則訊息，聲稱要用比特幣下訂兩塊披薩並外送到他家。另一個比特幣使用者傑瑞米‧史都迪凡（Jeremy Sturdivant）接下

**BTC**

比特幣的縮寫。每個數位貨幣都有自己的縮寫，就像每個國家的貨幣，例如 USD 等於美元、JPY 等於日幣，以此類推。

白話解釋
Ⓐ
ⒷⒸ

挑戰，卻沒料想到這場實驗極具歷史意義。

　　由於比特幣並無固定價格，於是他們隨意決定了一個數字：拉斯洛要以 1 萬 BTC 支付兩塊披薩。

　　拉斯洛（買家）像是寄發電子郵件般，把比特幣寄給傑瑞米（賣家）。

- 他進入傑瑞米的公鑰（也就是電子信箱）
- 以他自己的私鑰簽字（也就是密碼）
- 最後按下「傳送」鍵

　　幾個小時後，當地的披薩外送員送來兩塊熱騰騰的披薩，拉斯洛十分開心，立刻拍下幾張照片，並在比特幣論壇上分享，昭告天下他剛才用比特幣買下兩塊披薩！

　　幾年後，這兩塊披薩的價值大約 1 千萬美元。

我知道你在想什麼：這麼貴的披薩，至少有加料吧？

　　或許你覺得他買貴了，但此舉其實只是為了說明區塊鏈貨幣在真實世界具有價值，而這是一個重大里程碑，為這個 2 千 5 百億美元的數位貨幣市場揭開序幕。

　　幾年後，還是有人會問：「為何比特幣會有價值？」答案很簡單，比特幣之所以有價值，是因為我們都同意它具有價值。

　　部分經濟學家聽說此事後，開始反彈。他們想到人能隨心所欲發明貨幣，而且還跟目前的貨幣法則背道而馳就受不了了。「貨幣是一種在市面上流通、聯邦政府信用背書的交換媒介！」他們邊大聲嚷嚷，邊將牛角框鏡架推上鼻樑。

　　但人類不是幾千年來都在發明貨幣嗎？

- 索羅門群島早在西元前 1200 年就使用貝殼項鍊，至今仍在使用。每條項鍊價值約 120 美元。[3]
- 雅浦島仍使用巨石當貨幣。每顆石頭的價值以它的尺寸、外觀、搬運時多少人罹難而定。[4]
- 二戰期間，戰俘偶爾把香菸當貨幣。現代囚犯則用一包包泡麵當貨幣，泡麵既具有價值，也是食品。[5]

　　「那才不是真正的錢！」經濟學家吶喊，「你不能拿泡麵繳稅！半包香菸不能拿來當錢花！你不能拿石頭在資本市場上交易！」與此同時，囚犯和島民依舊把這些東西當貨幣使用，不受經濟學理論約束。

　　比特幣為何具有金錢價值？是什麼決定了金錢價值？共有兩項要件：

- 我們**同意**它具有價值。我願意把黃金當作款項收下，因為我曉得大多人同意黃金具有價值。越多人贊成黃金的

價值，我就越有信心。

- 我們**信任**它具有價值。我知道黃金未來會有價值，因為它歷史悠久，它的價值在人類思想中根深柢固。價格可能浮動，卻不至於歸零。

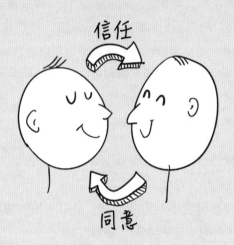

「同意」與「信任」這兩大原則就是區塊鏈的核心概念，所有貨幣都是依據這兩大原則運作，包括比特幣這種儲存在區塊鏈上的貨幣。

所以說拉斯洛和傑瑞米會留名千史，畢竟他們展現出比特幣在真實世界的價值。我們每年 5 月 22 日都會慶祝他們的成就：比特幣披薩日。

比特幣的價值何來？從披薩而來。


「哈囉，兩位先生。」如同一顆震撼彈拋入我們攤位。

我和彼得轉頭，發現一個深黑髮的年輕女子，她穿著一套

合身褲裝，腳踩 10 幾公分的高跟鞋，並露出至少跟她高跟鞋一樣深長的乳溝。

「我叫約翰，」我說，盡可能不去跟她握手。「這位是彼得。」彼得也沒跟她握手，我們很團結。

「蘿莉塔。」她的口音跟莫斯科霧氣一樣濃厚。「我們的攤位在那邊。」她的大拇指指向隔壁一排攤位。「商展進行得如何？」

「這真的是商展嗎？」我打趣說，「我只看見攤位。」

「商家確實比買家多，」她贊成，「你們提供什麼服務？」

「我們是網路行銷公司，」彼得插話，「你們呢？」

「我們在賣一種叫作『電子筋絡按摩器』的全新物理治療器。你們想不想試試看？」

我們竟然在自己的攤位上被推銷！而且無處可逃。

她厚臉皮的行為讓彼得笑了出來，「電子筋絡按摩器怎麼會來行銷會展？」

「我們在拉斯維加斯的各種會展都有展出，」她微笑回道。接著沒經過我許可，就擅自把兩個吸盤別在我的衣領上，「電子筋絡按摩器可以利用微弱電流活化疲倦肌肉，電流可由智慧型手機操控，你瞧。」她把吸盤接上自己的 iPhone，讓我們看應用程式。以上動作全都在 10 秒內完成。「你想試一試嗎？」

「我知道這玩意兒，」我說，「我在針灸時用過這個，啊

啊啊！」

「這是最高電流。」她解釋，我痛到抽搐時，她繼續露出微笑，然後把 iPhone 拿給彼得看，彼得不可置信地大笑。

「讓我幫你把電流調小一點。」她把螢幕上的刻度調低至 4，我肩膀上的猛烈敲擊稍微減緩。「我們現在提供展場優惠價，包含腳部按摩護套，能活化疲憊雙腿。還有幫助刺激腦部的頭皮按摩器。」

電流轉換器在我肩膀上猛烈敲打，讓我很難冷靜思考。「多少錢？」

「售價是一組 499 美元，」她不以為意地說，「但我們今天提供展場價，249 美元。」

最糟糕的不是我在自己的攤位上被迫接受電流治療，而是我竟然接受了：「這還真的活化了我疲憊的肌肉。」

我搖搖頭，甩掉她的電流魔咒。「我們再考慮一下。」我對她說，然後移除襯衫下方的吸盤，交還給她。

她走回攤位電擊吉祥物時，我望向彼得：「史上最爛會展。」

「我真不敢相信……她剛才那樣做已經違法了吧！」

回首這天發生的事，我有了重大的體悟：網路行銷已經不再是一門產業，許多公司開始自己進行行銷的工作，這個產業已經飽和，而我們也必須與時並進。

「彼得，我們必須找到全新方向，」我宣布，「這真是一大警鐘，我們來學習所有關於比特幣和區塊鏈的知識吧！」

「220 伏特的警鐘。」彼得笑了。

我抬頭仰望空洞的會展中心天花板，彼得的問題在我腦中迴盪：「你覺得會漲到多少？」

第 **6** 章

# 貨幣系統是怎麼運作的？

想要混進某個你不該去的場合，有什麼祕訣？答案是：裝得跟真的一樣就對了。

我正在紐約大學的史登商學院，木鑲板牆面的寬闊禮堂，飄散著法學院教室的氛圍：桃花心木講台、天鵝絨布簾、最新科技的投影螢幕。我嗅得到錢味。

我要先聲明，我真的已經試過購買代幣高峰會（Token Summit）的門票，無奈區塊鏈會議的票幾個月前已經售罄。我在購物網站 eBay 和門票交易網站 StubHub 搜尋過，唯一找到的賣家開價 1BTC，而當時 1BTC 的價值已漲到約 2,500 美元。

於是我提前 3 個鐘頭現身會場，裝得跟真的一樣。

若你想裝得跟真的一樣，穿西裝的效果最好。我自信滿滿地晃進禮堂，接著故意四處走動，檢查音源線，摸了摸講台的電線，然後大聲對後台嚷嚷：「東尼！東尼，別忘了把電線貼牢！」

我在禮堂找到一個最不引人注意的座位，打開我的筆電，3 個小時都充滿自信地假裝在工作。

　　不過坦白說，我的心臟跳得很厲害，腎上腺素激增。每個小聲音都讓我心驚肉跳。擔心有人跟我說「這不是你該來的地方」、「你不能進來這裡吧」、「你坐到別人的位置了」。

　　我的腦海閃過聖經故事，耶穌對座無虛席的聽眾講道。當時一位走投無路的癱瘓病人希望耶穌治癒他，於是他的朋友在屋頂上鑿了一個洞，再把癱瘓的病人從洞孔降下。會有人責罵那些破壞屋頂的人嗎？耶穌只是哈哈大笑，然後治好了這個人。

　　「如果你想要找到門路，那就必須想辦法找到進去的路」我對自己說。

　　「不好意思，」一個渾身刺青的肌肉壯漢站在我身旁，我的心臟像是按下特斯拉瘋狂模式般狂跳不已。他的頭扭向一側，「可以幫我固定三腳架嗎？」

　　「沒問題。」我說，他忙著拉長攝影機支架時，我負責幫他固定三腳架。

　　「謝了。」

　　總算！人們開始走進禮堂，鄰座逐漸滿席，我偷瞄眾人名牌。高盛集團、摩根大通、瑞士信貸……我彎下身子，敞開西裝外套的衣領，好遮掩我沒有名牌的事實。

　　兩個掛著德意志銀行名牌的人往我身旁坐下，嘰哩呱啦聊起選擇權和信用交換。英俊瀟灑、戴著時髦眼鏡、筆直的正式襯衫，而且兩人頭髮還很濃密！為何這些有錢人還頂上有毛？光看一眼就讓人討厭。

　　我開始在腦海中想像他們的背景：開著保時捷跑車、擁有

能眺望紐約第五大道的頂樓豪華公寓，太太是熱中健身的火辣人妻，他們還會相約去瑞士阿爾卑斯山度假。

「由於比特幣是一種開源貨幣，」我右手邊的男子向同事解釋，「所以人人都能自由複製。」

他的同事咕噥：「那這樣不就人人都能創造自己的數位貨幣。」

「你說的是比特幣的複製品，比特幣的分身。」

「替代幣。」

替代幣。這三個字烙印在我腦中。

「就像印製你自己的貨幣。」那名同事思忖。我聽得見他腦中的齒輪轉動。

「類似早期的銀行系統。」德意志銀行行員對我右手邊的傢伙說。

---

 **自己的錢自己印**

聯邦儲備系統建立之前，美國早期的當地銀行會自己發行當地貨幣，自己印製貨幣。

假設你住在加州，薪水來自聖地牙哥國家銀行印製的 5 美元紙鈔，由於你的開銷幾乎都在當地，等於你「同意」與「信任」該貨幣的價值。

但要是你去紐約呢？他們可能會一臉不屑瞪著你那張聖地牙哥 5 元紙鈔，就像紐約客看待哈德遜河以西的所有東西一樣。他們不同意也不信任你的 5 元紙鈔。

　　銀行應該要有支持他們紙鈔的擔保品，每發行 100 美元的現金，金庫裡就要有價值 100 美元的黃金。然而監管不良，一些「野貓銀行」如雨後春筍冒出，它們印製毫無價值的紙鈔，既沒有黃金擔保，也沒有可靠的聲譽，你啪一聲丟出野貓銀行發行的 5 元紙鈔時，可能會被告知「你的錢在這裡不能使用」。

　　與此同時，聲譽良好的銀行會隨著中央儲備系統演進而發展。[6] 最後銀行系統經過中心化，使當地政府發行的 1 美元在另一州的價值也是 1 美元，金錢可以自由流通，因為人人皆「同意」且「信任」金錢的價值。

　　類似情節也在今日區塊鏈的世界上演。由於比特幣是一種開源貨幣（可以自由複製），所以他人能輕易創造自己的替代貨幣，也就是我們所謂的**「替代幣」**（或**「加密貨幣」**）。而每一種替代幣的用途都略有不同。

### 加密貨幣

　　「加密貨幣」其實不是一個很適合的詞。因為「加密」會讓人聯想到「祕密」，由於比特幣能替代數位貨幣，因此後來就改稱之為「替代幣」。

*提醒*

　　最優異的替代幣能增值，它們能解決某些實際的技術問題，或是真實世界的資產能支持這種替代幣。不過也有價值曖昧不明的替代幣，像是野貓銀行跟上了區塊鏈的熱潮（我們暫且稱之為「瘋狂幣」）。

　　他們還果真大賺一筆。新型態的替代幣帶動幾 10 億美元的錢潮，這些都是憑空捏造的錢。[7] 趁你翻白眼之前，別忘了大部分的錢也是憑空捏造出來的，僅有 3% 是紙鈔，其餘 97% 都來自銀行貸款。[8]

　　銀行貸款給你時，「使用」的並非金庫裡的錢，而是憑空捏造的錢，這其實不太合理，因為接下來你要賺更多錢，歸還這筆貸款（連本帶利），當然前提是你有能力還款！

　　大多時候根本不會以紙鈔交易，所以趕快打破你對錢既定的印象，說到底都不過是數字罷了。

　　多數人都是在線上管理自己的銀行帳戶 ── 全都只是數字。我們的薪資匯入線上帳戶；我們透過線上帳戶繳電話費；午餐時間刷卡買一份墨西哥玉米餅，這些全都只是數字。

　　這些全部是漫天飛舞的數字，並非實際存在。要是每個人都把錢從銀行裡提出來，經濟就會崩塌，因為根本沒有那麼多紙鈔。而這就是我們選擇相信的謊言，正因為我們「信任」並且「同意」這個系統，所以它才能運作。

　　所以製造自己的貨幣其實不難，你甚至不需要印鈔票！真正困難的是說服人們「信任」和「同意」你的貨幣。你必須向大家證明這種貨幣是有價值的，而以區塊鏈來說，意思是你需要培養出一群堅若磐石的信眾。

以下介紹幾種最有價值的替代幣和他們培養信眾的方法。

 **比特幣**

- **代號**：BTC
- **市場規模（截至寫作時）**：1,250 億美元
- **本質**：貨幣
- **簡介**：數位資產的黃金標準，區塊鏈中的美金。有關比特幣不能說的真相，就是比特幣很難當作數位貨幣使用。因為比特幣走紅迅速，成長速度緩慢，用來購物又昂貴，加上價格起伏劇烈，所以當現金使用並不實際（請見前文的「1 千萬美元披薩」），於是下列的對手貨幣應運而生。

 **以太坊**

- **代號**：ETH
- **市場規模（截至寫作時）**：500 億美元
- **本質**：平台
- **簡介**：為區塊鏈程式設計不易，於是開發師需要設計友善的平台（就像 Windows 平台讓我們能簡易使用電腦）。以太坊是目前區塊鏈的標準平台，就跟英語是世界通用語是一樣的意思。雖然名稱偶爾交替使用，但以太坊其實是平台，以太幣則是平台程式使用的「貨幣」。

##  瑞波

- **代號**：XRP
- **市場規模（截至寫作時）**：200 億美元
- **本質**：平台
- **簡介**：如果你曾經使用國際轉帳服務，就知道有多昂貴耗時。瑞波是一個使用區塊鏈科技，讓銀行付款更快速簡易的平台。瑞士銀行（UBS）和西班牙國際銀行（Santander）等大型銀行已開始使用瑞波。[9] 令人容易混淆的是，瑞波（平台）使用的貨幣也叫瑞波（瑞波幣）。

## 比特幣現金

- **代號**：BCH
- **市場規模（截至寫作時）**：150 億美元
- **本質**：貨幣
- **簡介**：比特幣大受歡迎，因而衍生不少技術問題。比特幣的研發團隊不是中心化管理（無人擁有比特幣系統），於是研發人員必須取得多數人同意，才能進行重大變更，這種時候經常會引發爭論。至於比特幣現金則是一種「副產品」，用意是讓比特幣在每日購買上變得更快速便宜（於是才有了這個名稱）。[10]

##  EOS

- **代號**：EOS
- **市場規模（截至寫作時）**：75 億美元
- **本質**：平台

- **簡介**：跟以太坊一樣，EOS 也屬於一種區塊鏈平台，只不過 EOS 的企圖心強大，目標是比以太坊更便宜迅速。EOS 平台上啟動專案時，投資客會固定收到免費替代幣當作獎勵，所以也是一個強而有力的推廣平台。[11]

### 恆星

- **代號**：XLM
- **市場規模（截至寫作時）**：50 億美元
- **本質**：平台
- **簡介**：跟瑞波一樣，恆星也是透過區塊鏈進行外幣兌換的平台。跟瑞波不同之處在於，恆星是非營利事業，也是開源系統。於是在非營利組織之間相當受歡迎，在菲律賓、印度、西非等發展中市場也是人氣紅不讓。[12]

### 萊特幣

- **代號**：LTC
- **市場規模（截至寫作時）**：50 億美元
- **本質**：貨幣
- **簡介**：身為早期的比特幣分身，萊特幣很快就推出原始比特幣系統的改良版，你可以把它想像成各種比特幣改良版本的測試台。萊特幣較比特幣快速輕巧，因而得名。[13]

若說中本聰推出比特幣是一場區塊鏈的大爆炸，那麼這些替代幣就是幾秒後形成的粒子。我們該如何決定它們應有的價值？

他們交談同時，我取出 Moleskine 筆記本，默默寫下：

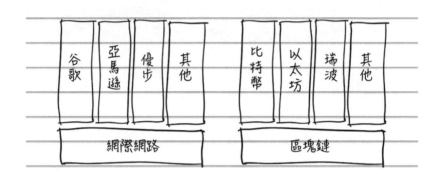

過沒多久，禮堂人山人海，摩肩擦踵。悶熱溽氣令人窒息難受，儘管如此，我還是沒有脫下外套……直到克里斯‧巴爾尼斯克（Christ Burniske）上台那一刻。如同癱瘓病人不良於行也要去聽耶穌講道，而我呢，就是為了聽克里斯‧巴爾尼斯克的演說才努力混進來。身為年輕的史丹佛大學畢業生，巴爾尼斯克是方舟投資（ARK Investment Management）的區塊鏈專案領導人。一襲反差灰色的西裝、滿臉鬍渣，巴爾尼斯克的模樣很稱職：全身上下散發著有為華爾街年輕巫師的氣息。

「方舟是唯一投資比特幣的基金管理上市公司，」這是他的開場白。「2015 年購入比特幣時，很多人都覺得我們瘋了，大剌剌踏進一場龐氏騙局，甚至等著看好戲，等著比特幣逐漸式微、消失。但現在這種看法已經不適用。」[14]

他換了一張投影片。「讓你們看看為什麼我們那麼有把

握，我要說明一下，比特幣是敝公司兩種基金之中的首選，甚至超越臉書、亞馬遜、網飛、谷歌。但為了將比特幣納入我們的基金行列，跟股票一樣，我們必須先認真研究比特幣。」我在 Moleskine 筆記本上飛快潦草寫下：

## 新資產類別需要
## 新的估價技術

　　巴爾尼斯克解釋，為了替比特幣估價，我們必須釐清多少是投機，多少是估值。換句話說，別去管飆漲價格，反而該問：比特幣應該如何估值？

　　「我們可以進行一場思想實驗，」他繼續說下去，「假設比特幣占了僑匯市場的 10%，而現在全球僑匯市場是 5,000 億美元，如果取該市場的 10%，那比特幣的價值就是 500 億美元。」

　　我馬上去谷歌搜尋「僑匯市場」。指「移民家庭匯給海外親人的錢」，也就是國際轉帳的意思！我回想起愛爾蘭矮妖西恩的「3 個工作天」，剎那間豁然開朗：替代幣便宜快速許多，幾乎可以說即將取代傳統匯款方式。

巴爾尼斯克拿一件我們可以測量的東西舉例（5,000 億美元的僑匯市場），然後要我們想像比特幣占了該市場的百分比（10％），再賦予「真實世界」的價值（500 億美元）。現在只要除以比特幣的數量，我們就得出一個價格。賓果！

我知道那 10％只是他憑空捏造的。我已經聽過太多商業演講，知道未來的銷售額都只是有根據的猜測。架構才是真正的重點。

他正在開創全新潮流，從比特幣極客搖身一變，成為財力雄厚的集團 —— 從怪咖搖身一變，變成華爾街之狼。巴爾尼斯克把比特幣變得酷炫新潮。

~~新資產類別需要
新的估價技術~~

新貨幣需要新寶貝

我認真聆聽到汗流浹背，禮堂如今人滿為患，我猜空調也

關了。聽眾席間興奮的情緒快要沸騰，處於癲狂邊緣。

我在 Moleskine 筆記本上瘋狂寫下：

---

### 我們的任務：
### 1. 易懂

---

很顯然，就連巴爾尼斯克都需要人幫忙翻譯。我們必須讓比特幣更好玩易學。

---

### 2. 易於使用

---

巴爾尼斯克繼續解釋，股票通常都有普遍採納的估值法，例如本益比（P/E ratio）和每股盈餘（EPS）。區塊鏈資產需要類似架構。

我發現，如果你想得出這些測量方法，就能雇請分析師評估每一種區塊鏈資產的價值，類似你在全國廣播公司頻道（CNBC）看見的股市分析師。

## 3. 易於投資

　　這真是一個令人頓悟的時刻。這些都是真人真事，你可以視為貨真價實的投資。一整天下來，我聽了各類企業家和程式設計師的演講，而這些人研發了自己的替代幣，我振筆疾書記下每一個替代幣：

- **講求隱私的替代幣**。創辦人是幽默的南非人。擁有大批使用群眾，但缺乏特色，跳過。
- **雲端儲存替代幣**。目前只募集到 3 千萬美元，值得關注。
- **衍生性交易替代幣**。創辦人似乎能力不強，跳過。

　　他們說的內容我聽得一知半解，但後來我才發現，不只是我，其實大家都聽不懂。我們正站在科技與金融詭異的十字路口。當我環顧擁擠悶熱的禮堂，我發現一半群眾身穿西裝，另一半則是身著帽 T。

　　聽眾全屏氣凝神聆聽區塊鏈革命領導人的每一句話。這些人之中，有的創辦了屬於自己的替代幣，一夜致富，就好像印鈔並且擁有滿是鈔票的金庫。

成為區塊鏈億萬富翁近在咫尺！

最後我總算受不了悶熱，趁最後一場休息時間默默溜出門，喧鬧樂音在我的腦袋裡旋轉。我擠過人群，正要走到出口時……「不好意思。」一位身著西裝、手拿寫字板的先生攔下我。

我心想被抓包了：「先生，有事嗎？」

「可不可以麻煩你幫忙填一下問卷？」他問，手已經遞上寫字板。「是關於這場會議的滿意度調查。」

「當然願意。」我微笑。

看來簡直易如反掌！易懂、易於使用、易於投資。偉大的冒險家華特‧雷利爵士（Sir Walter Raleigh）肯定也覺得輕鬆簡單吧「只要航海到南美洲，在那裡蓋個營地，然後找到那座傳說中擁有源源不絕財富的黃金城（El Dorado）！」

你說能有多難，是吧？

# 第 7 章

# 區塊鏈掀起代幣投資浪潮

我不再是科技寫手,而是記者。

我請媒體風暴的團隊創立新網站《比特幣市場日報》（*Bitcoin Market Journal*）。「區塊鏈科技即將席捲華爾街」這樣的樂觀想法鼓舞著我,我想像《比特幣市場日報》將與《華爾街日報》（*Wall Street Journal*）齊頭並進,也許我們甚至可以買下《華爾街日報》！

雖然我們現在只是一小群在家辦公的團隊,只有 2、3 個作者真正了解區塊鏈（包括我在內）。我們的目標是把它變得易懂、易於使用、易於投資！

我們很快就接到撰寫區塊鏈文章的商展邀約。這類會展在世界各地如雨後春筍冒出,人人都想要「媒體合作」,換句話說就是「你幫忙撰文寫我們的商展,我們就發給你免費的入場識別證」。他們不用花一毛錢,我們卻必須花幾千美元的食宿旅費。

一般而言,我們會接下合作案。

因此我才會出現在阿姆斯特丹的區塊鏈商展。如果我們不

來做足功課，我們如何撰寫這場活動內容？

　　我提早一天抵達，租了台單車，接下來幾個鐘頭都騎著單車，在陽光燦爛的市區運河邊和迷人的舊世界巷弄間穿梭。阿姆斯特丹大學的這棟大樓就是我的目的地，我丟下單車，瞠目結舌凝望著建築。

**阿姆斯特丹大學**

　　快來跟我一起站在這個鵝卵石中庭，望著雄偉壯觀的窗戶和手工鑄鐵花窗，嗅著隔壁咖啡館飄來的麵包香，任由陽光灑落一身。你正對著歷史目瞪口呆。

　　這裡曾是荷蘭東印度公司大樓，第一間現代公司，也是第一個上市交易股票的公司。這理就是現代股市的起點。

　　16 世紀末，人們開始愛上胡椒、肉豆蔻、丁香等異國香

料。貿易商不惜下重本,克服海盜、疾病、船難等種種威脅與重重難關,為的就是從遙遠國度進口這些香料。[15]

以前投資商或許會把身家財產全押在一趟香料之旅,但只要遭受一場暴風雨襲擊,整艘船就會沉入海底。為了避免風險,投資商聚在一起,把錢集中在一個地方,共同分享獲利,這就叫作「股份」,因為你分享了一部分的公司財富。

真正的革新是讓大眾可以買賣荷蘭東印度公司的股票。現在不只是有錢人,人人都能投資國際香料貿易。

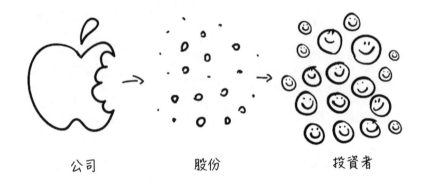

公司　　　　　　股份　　　　　　投資者

想像一下對投資者來說,這是件多詭異的事,「買一張紙?」你可以想像一對 17 世紀的夫妻吵架畫面,其中一人質詢:「那張紙有什麼價值?」,可以確定的是,我們現在也聽過有關區塊鏈投資的類似盤問,這樣的質疑也曾在這棟建築內上演。

股市正處於經濟史的轉捩點。大多數人並不想買下一整間公司,只想要一小部分。藉由購買不同公司,我們就能分散

投資風險。而這也解鎖了新貨幣浪潮，畢竟現在人人可參與市場。這就是「代幣化」的第一個例子。

## 代幣浪潮

區塊鏈代幣現今正席捲全球。所有東西都代幣化了，不只是公司，不動產、放款組合、豪華遊艇等都是。要是運用區塊鏈科技，我們就能擁有一小股，而這正掀起一波代幣浪潮。

舉個例子來說，假設你擁有一幅價值 100 萬美元的梵谷畫作，你可以把畫作「股份」，以區塊鏈代幣出售，每份「梵谷代幣」價值是 1 美元。

而這些代幣就被當成股票一樣進行買賣，只不過每一筆交易不是記錄在線上經紀商，而是區塊鏈 —— 分散式帳本，開放式的谷歌試算表，唯獨天上有的偉大支票簿。

梵谷代幣的投資人跟其他投資人一樣，都希望日積月累下來，代幣價值會上漲，這樣他們才能獲利出售。想一想這對身為畫作主人的你有何意義：為了增加梵谷代幣的市值，你得先增加梵谷畫作的價值。

### 替代幣、加密貨幣、代幣的差別是？

嚴格來講，這 3 者並不同，可是實際上，人們會交替使用這 3 個名詞。

我們可以把「替代幣」當成「比特幣」的替代品（例如數位貨幣），「代幣」則是任何有現實世界資產支持的東西（例如不動產、藝術品等）。

小裁問

　　於是你展開行動，先去找博物館合作舉辦梵谷回顧展，再出資拍攝梵谷一生的紀錄片，最後策畫找演員班奈狄克‧康柏拜區（Benedict Cumberbatch）飾演梵谷的迷你劇集。換言之，你為畫作增加價值。

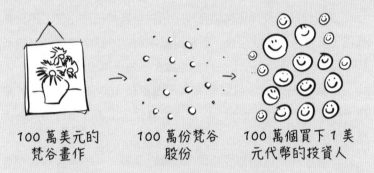

100 萬美元的　　　100 萬份梵谷　　100 萬個買下 1 美
梵谷畫作　　　　　　股份　　　　　　元代幣的投資人

　　或者假設你是一個想在紐約曼哈頓投資房地產的杜拜投資人，也許你沒有辦法買下一整棟摩天大廈，摩天大廈的主人可以將這棟大樓代幣化，這樣你就能買到一小份。

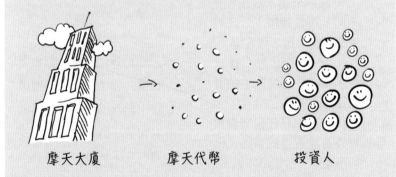

摩天大廈　　　　　　摩天代幣　　　　　投資人

　　摩天大廈的主人就如同上市公司的所有人。現在他有動力翻修這棟摩天大廈、拉攏更高階的租客，好增加你的代幣價值。這

就類似在大富翁桌遊中置產，要是收到房租，你就能翻新飯店。

而我們則會打造全新代幣，好讓你買到貴金屬、商品、甚至大聯盟隊伍的一小部分（跟獲得芬威球場的季賽門票相比，擁有波士頓紅襪隊的股份則是另一種截然不同的感受）。**只要具有價值，價值就可以被代幣化。**

代幣在世界各角落的數位交易所全年無休進行買賣，為投資人打開嶄新商機，我們稱之為「全新的紐約證券交易所」。

我正在為阿姆斯特丹大學拍照時，手機忽然響起。

「約翰？」是我的銀行客戶。我的心臟漏跳一拍。

「秀英，嗨。妳聽得見我說話嗎？妳的聲音斷斷續續的。」

「我們對你正在做的區塊鏈有很重要的問題，」她答道，「需要你週五親自來一趟。」

「我現在人在歐洲耶，」我問她，「是什麼問題？我們可以想辦法解決。」

「不，我們需要你，」她堅持，「你們公司寫的區塊鏈文章，我們週五就要提報了。」

我聽得出她的言下之意，她要我親自到場向所有人解釋清楚。「還是我們讓彼得去講呢？」我反問，「彼得也可以講得很棒。」

「不，」她斷然拒絕，「你必須親自來一趟，你和彼得都得來。」

「我不知道我買不買得到機票……」我開口想拒絕。

「沒得商量，」她打斷我，「你自己想辦法。週五見。」

我迅速在腦中盤算了一下。2千美元的機票住宿，加上1千美元臨時搭機返國，而且還沒參加到阿姆斯特丹的商展會議。但要是我們還想繼續進行區塊鏈研究，就勢必要保住這個客戶。

我壓根不曉得這個需求很快就要面臨嚴峻考驗。

# 第 8 章

# 浪潮來襲，你想站在哪裡？

　　銀行總部像是一座未來感十足的城堡。

　　鋼筋玻璃打造的摩天大廈微微散發一股威脅感。也許是頂樓的天線讓它有一種看起來像是巨大鋼鐵昆蟲，準備隨時進攻的錯覺。飛掠天空的暴風雲朵映照在不透明窗上，令我感到惶恐不安。

　　「她有提到我們在會議上要講什麼嗎？」櫃台簽到時，我問彼得。

　　「什麼都沒說，」彼得的目光越過眼鏡上緣，凝視著簽到螢幕。「那上面寫什麼？」

　　「你必須掃描駕照。」

　　「就為了一場會議？」彼得不可置信地笑了。即使深受時差所苦，睡眼惺忪，他仍保有一貫的幽默感。

　　「這地方可不是鬧著玩的。」

　　雖然我們一直說是「銀行客戶」，但他們其實是一間掌握兩兆多美元財富命運的跨國資產管理公司。2 兆美元是一個很難想像的數字，把 1 美元鈔票排成一列，都可以從地球繞太陽

一圈。不過一旦踏進會議室，你就多少有概念了。

「哇。」彼得低聲驚呼。

映入眼簾的是張偌大無比的會議桌，大到所有法學院校友都能在裡面開同學會，桌子鑲著各種材質的木頭，有楓樹、黑檀、榆樹。光是這張會議桌就足以讓我們心悅誠服地叫一聲老闆。

更威風凜凜的是我們的客戶──穿著一襲完美的亞曼尼套裝，繫著薰衣草紫色領巾，妝髮完美無瑕的秀英。她正坐在這張桌子的末端，在筆電上敲敲打打，「哈囉，約翰。哈囉，彼得。」她根本懶得起身。

「秀英，」我微笑著走向桌尾，行經數不清的皮椅，最後才把背包丟在地面。「嘿，說來還真巧，我昨天正好在宜家家居（IKEA）看到一模一樣的會議桌耶。」

「是嗎？」秀英問，頭連抬也不抬。

彼得拚命憋笑，我們交換眼神。

「還真讓人期待，」彼得邊說邊打開他的筆電，「等等安排了哪些議程呢？」

「讓我先邀請他們加入視訊會議。」我和彼得又交換一個眼神，我們內心都在想：還可以來視訊會議這招？

秀英敲打著鍵盤，投放在遙遠牆面的視訊螢幕開始閃耀著柔和藍光。秀英翻領上的銀行標誌讓人難以分心，更別說她手指上的大鑽戒，簡直可以照亮整座迪斯可。

另一間會議室躍然出現在螢幕上，我們看見三、四個人正

低頭敲打著筆電。攝影機擺放的位置不好，所以我們必須以小孩視角抬頭觀看他們。

「好了，倫敦的監察小組已經在線上了。」秀英說。「哈囉，大家好！」她愉快地揮手。

倫敦辦公室的人打了聲招呼，沒人抬頭，我感覺勢單力薄。我瞄了一眼 22 層樓的窗戶，天空正逐漸變黑。要是我非跳不可，還得先撞破這層強化玻璃。

「這兩位是媒體風暴團隊的人，他們來回應區塊鏈系列報導的問題。」

「請發問。」我開口。

「我們有些疑問，」一名繫著黃色領帶的英國人首先發難。「文中有太多承諾性字眼。你不能說『你們將能擁有代幣』，改成『你們可能擁有代幣』會比較好；也不能寫『這將會是一門好投資』，最好改成『這或許會是不錯的投資』。」

「我懂了，」彼得贊同。「這方面沒問題。」

「『可接受損失多少，投資多少』，」他自以為是地說，「應該改成『有能力損失多少，投資多少。』」他翻閱一疊紙，用一支鉛筆勾起每個重點。「每篇都是。」

「你們有些字詞一直重複，」秀英補上一刀，「例如『這個』。文中這個來，這個去的！太多餘了吧？」

「你們之前幫金融業的客戶撰過文嗎？」英國老兄問道。「這都是很基本的重點。」

「其實我們有自己的財經網站，《比特幣市場日報》。」

我回道。

「你們寫比特幣？」他往攝影機靠近了一些，魚眼鏡頭讓他狀似卡通裡的跟蹤狂。

「這是我們其中一項專業領域。」

「不，不，不，」他笑道，「我們絕對不寫有關比特幣的事。」

「那不是為你們寫的，」我揉了揉眼睛，「是我們自己經營的網站。」

「你何必寫那麼多字？」秀英插話，「現在人不想閱讀，他們只想要看精簡的文字。」

「妳花錢不就是請我們撰文嗎？」我怒氣沖沖回答。彼得輕輕碰了一下我的胳臂制止我。

「比特幣是非法販毒貨幣，一場龐氏騙局，」英國人繼續說，「區塊鏈是科技。我們有專門研究區塊鏈的團隊，共有 25 種專利，說真的，老兄，別寫比特幣了。」

我嘆氣搖頭。「你真的大錯特錯……」我說。

「我們不會寫比特幣的，」彼得微笑著安撫在場所有人，「秀英，我們會修正用語，精簡文章內容，盡可能不用『這個』，妳覺得如何？」

「很好，」秀英說，「謝了，各位！」她合起筆電，站了起來。

「還有別的事嗎？」我問。

「沒了，」她壓順身上的套裝，「感謝你們特地前來。會

議很順利！」

「呃，離開之前還有件事，」我小心翼翼地說，「我們一直沒收到款項。」

「你詢問過出納部門了嗎？」

「我太太潔德已經詢問很多次，」我證實，「可是我們還是沒有收到款項。」

「好，我會幫忙查看。你們知道怎麼離開吧？」

「走到會議桌盡頭，然後左轉。」我微笑回答。

「再見了！」她高聲哼著，「掰掰！」

 **時機就是一切**

　　你可能知道技術採用曲線，這是 1995 年社會學家埃弗瑞特・羅傑斯（Everett Rogers）在《創新的擴散》（*Diffusion of Innovation*）中推廣的概念，解釋技術如何在社會上被接受。

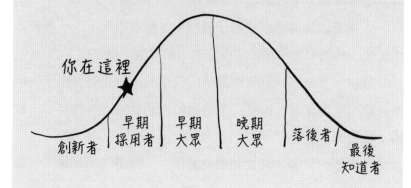

最左邊的是購買第一代 iPhone 的極客，再來是早期採用者，他們買的是第二代 iPhone，然後人人都使用 iPhone，曲線最右手邊的則是你的祖父母。

嶄新科技遭遇的關鍵問題是「我們正處於技術採用曲線的哪個位置？」90 年代中期，大家都預測虛擬實境即將到來，我耗費多時，為我第一台個人電腦裝上自製虛擬實境支架。可是幾十年過後的今天，我還在等待成熟的虛擬實境。

其他科技倒是不請自來，突然降臨我們的社會。有誰預測到推特或騰訊的誕生？

我相信我們正處於區塊鏈的「創新者」或「早期採用者」階段，可以說這項科技尚未走到「大眾」那一步。但機會正準備降臨，當這股浪潮襲來，你準備站在哪個位置？

回到大廳，我和彼得把識別證繳回警衛室。「喂，約翰，」彼得瞬間臉色凝重，「有能力損失多少，投資多少。」

我搖搖頭。「我剛才有種躲過子彈的感覺。」

「我還以為你準備發射子彈哩！」他咯咯笑了。「我們叫優步吧，外面天氣很糟。」他透過眼鏡凝望手機。

我找了張斯堪地納維亞風格的椅子坐下，正對面掛了一幅塗鴉藝術家班克斯（Banksy）噴灑創作的原版鋼材畫作。「彼得，我們勢必要進化。」

「我們可以開一間比特幣交易所，」彼得提出想法，「這門生意很賺。」

　　我發出咕噥聲。

　　「你想想！」他雙手畫出幾個大圓，「大家會買賣這類貨幣，每天的流通貨幣就有幾 10 億美元，每筆交易都能讓你從中抽一筆，你根本可以躺著賺！」

　　「但那是中央化系統，你得自己建造交易所，那可是幾百萬美元的投資。」

　　「那就募資啊！」彼得沒有就此打退堂鼓，「我們可以發行自己的貨幣，讓別人購買，再利用這筆錢開交易所。你有看見貨幣能募集到多少錢吧？」

　　「我覺得我們應該做區塊鏈分析報告，」我建議，「類似晨星（Morningstar）。這些傢伙評比所有共同基金，機構勢力強大，我們可以效法他們，只是專攻替代幣市場。」

　　「我倒覺得我們可以為專人進行區塊鏈研究，」彼得即興發揮，「公司會僱用我們觀察區塊鏈市場，好比醫療保健業，像是勤業眾信（Deloitte）。」他查看一眼手機，「優步到了。」

　　我們衝入大雨時，我感到士氣莫名高昂。我相信眼前有一大片商機，只要我們曉得怎麼在遼闊的海面航行，機會就近在咫尺。

　　唯一的問題是：我們依舊沒收到酬勞。

# 第 9 章

# 不需要律師也有效力的智能合約

「兩位早安,」銀行員西恩招呼我們進入他的辦公室。

「拜託請用愛爾蘭腔說『早上好』。」我央求他。

「兩位早上好。」西恩用生硬的美式腔調回道。

潔德完全沒有開玩笑的興致。「西恩,我就直話直說了。我們申請調高信用額度已經好幾個月。」她把一捆紙扔在他的辦公桌面。「這些是資料。」

我幫腔:「這真的很誇張,拖太久了。還要求我們提供過去 5 年來的公司財務證明、個人退稅單據、房屋鑑價?你為何需要我們的房屋鑑價?」

「對小型企業經營者而言,」西恩解釋,「房屋就是抵押品。」

「要是公司不還款,他們就會沒收我們的房屋」我暗自告訴自己。我已經培養出將金融術語翻譯成白話文的習慣。

西恩沉默不語地翻閱資料。被健身夥伴看透我們的財務狀態,我有一種赤裸裸的感覺。

「好笑的部分來了……」潔德說。

「說是好笑，但其實不好笑。」我澄清。

「你任職的銀行，也就是我們的客戶，他們一直拖款，而這就是我們需要調高信用額度的原因。我們有定期的必要開銷，可是你們銀行卻不斷拖款。所以說起來是你們欠我們錢，這樣你懂了嗎？」

西恩點頭，眼睛仍緊盯著資料。「真希望我能幫你們催款，問題是……」

「這件事超出你的權限？」我打斷他，「你聽好，秀英就是問題所在。」

「秀英是誰？」他抬起頭。

「我們的客戶，」我回道，「也是你們銀行的人。」

「我沒聽過這個人。」

「你當然沒有！」我沮喪地兩手一攤，「我們只是想請你幫我們調高信用額度……」

「而且還讓你們從中賺取利息。」潔德插嘴。

「支付我們員工薪水。」

「都是幫『你們銀行』工作的員工。」潔德補充。

「你們卻死不付款。」

滿滿的諷刺意味，濃稠得跟抹醬一樣。「很遺憾你和本機構發生這些問題，」西恩盡可能安撫我們，「批准過程真的拖太長了，我看得出你們是品行優良的顧客，公司也日益茁壯，讓我去跟經理談談，看能不能加快批准流程。」

他一陣風般離去。這時我和潔德偷偷碰拳。

「要是我們跟秀英簽訂一份區塊鏈的智能合約，情況就簡單多了。」我說。

「對啊，」她答道，順手查看手機訊息。「孩子們週六要參加生日派對，你可以幫忙接送嗎？」

「可以。」我突然靈光乍現，掏出我的 Moleskine 筆記本，畫出表格：

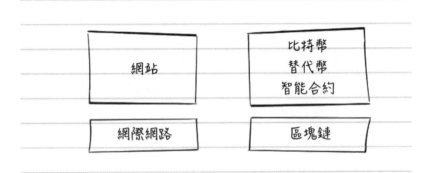

 **用區塊鏈預訂動物造型氣球**

我們已經知道區塊鏈可以讓我們：

- 以比特幣和替代幣的形式「匯款」給彼此（例如：1 千萬美元的披薩）
- 以代幣形式把「價值」分發給彼此（例如：梵谷代幣）

　　區塊鏈也能利用一種叫作「智能合約」的東西履行合約。之所以叫作智能合約，是因為即使沒有律師也同樣具有效力。我會盡可能以動物造型氣球為例，簡單描述智能合約。

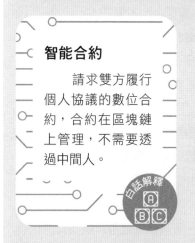

### 智能合約

　　請求雙方履行個人協議的數位合約，合約在區塊鏈上管理，不需要透過中間人。

白話解釋

　　假設你為孩子舉辦了一場生日派對，請來一名造型氣球藝術家。這傢伙很厲害，他曾幫加拿大總理捏過動物造型氣球，甚至擔任歌手火星人布魯諾（Bruno Mars）的私人氣球設計師。聘請這名藝術家所費不貲，但他不只會捏出小狗，還會做狼人等造型氣球。

　　由於他實在太搶手，你也不確定他是否真的會依約前來。氣球藝術家可能正在夏威夷禪修，每次出席活動要價 10 枚比特幣，於是你匯了 10 枚 BTC 到一張智能合約，就像是持有帳戶，接著你再把合約寄到某個地址（好比電子郵件），合約則記錄在區塊鏈上（唯獨天上有的偉大支票簿）。

　　假設這名氣球藝術家最後沒有出席，當晚被亞馬遜創辦人傑夫・貝佐斯（Jeff Bezos）請走了，等於智能合約沒有履行，於是這筆錢就自動退回你的比特幣帳戶。孩子們失望不已，但你依然可以請魔術師大衛・布萊恩（David Blaine）來現場。

　　我們假設氣球藝術家後來依約出席，孩子們歡天喜地，他打造了一個動物造型汽球的穹頂室內空間，讓小朋友可以在裡面觀賞成長歷程，並以漂亮的造型氣球和精心懸掛的裝置提供照明。

當晚活動結束，他拿出一個條碼讓你用手機掃描。這動作是「結清」智能合約，並將比特幣匯至他的帳戶。這就像是你有 10 枚代管契約的比特幣，而這個動作能完成代收轉帳，差別只在於真實的代管契約需要第三方託管，智能合約不需要。

你可不可以拒絕掃描條碼？當然可以，這就像你拒絕支付代管契約的款項。要是遇到這種情況，款項就會保留在代管契約，獨立仲裁人的網路，由他們裁決氣球藝術家應得的薪資（他們則從中收取費用）。

我們能依照期望設定、調整智能合約。

關於這個案例，我們只是輕戳動物造型氣球，不打算真正戳破它。如果你能想像一份不需要中間人，兩方便能履約的數位合約，就代表你明白我的意思了。

所有人都值得信賴嗎？不是，可是區塊鏈系統讓我們能放心信任素未謀面的人。這就好比愛彼迎（Airbnb）讓我們安穩睡在陌生人的沙發上；我們相信每次要搭車時，鄰居不會衝撞我們。區塊鏈只是擴大了這個信任圈。

西恩闊步走了回來。「好消息，」他宣布，「你們的資料出了點小問題，但目前都解決了。他們說你們的申請 2 週後通過。」

「太好了！」潔德露出笑容，「謝謝你。」

「這是我的榮幸。」西恩起身目送我們離開，「對了，比特幣怎麼樣了？」

「剛剛突破 6,000 美元。」我咧嘴而笑。

「你當初的買價是多少？」

「125 美元。」

西恩吹口哨：「我看我最好也買一些吧。」

我兩手包覆住他的手：「有能力損失多少，投資多少。」

# 第 10 章

# 世界快速演進的下一步

　　我正對著一棵樹墩嘔吐。

　　嘔吐已經很糟了，尤其是在週間，再加上樹墩正好位在私人車道旁，就更糟了，馬丁的鄰居可能正將一切盡收眼底。

　　我開車去見顧問的路上，正好接到銀行客戶的電話。

　　「秀英，嗨。」我用無線耳機接聽電話。

　　「約翰，我們的合約在哪裡？」

　　「妳說什麼？」跟秀英說話總是要小心翼翼的。「妳要找我們的合約嗎？」

　　「對，我要結束合約。」

　　我的胃部翻攪。「什麼？為什麼？哪裡有問題嗎？」

　　「沒有，你們做得很好，只是我們要把公關轉為公司內部業務。」

　　「我不懂，」我把車開上馬丁的私人車道，關掉引擎。「我們表現一直很好啊……」

　　「預算縮減，」她解釋，「現在我們要聘請寫手，要是你有推薦人選，可以再跟我說。」

「有人選，我們啊！」我回答，忍不住大聲了點。

「我們的合約何時更新？」

「每個月底。」我答道。我的腦袋開始天旋地轉，「妳先聽我說，我們可以想辦法配合你們的預算……」

「我們已經決定了，沒得商量。」

「秀英，」我乞求她，「至少先見面談談……」

「不需要，」她再次打斷我，「我們很滿意你的服務，但公司真的需要改革。」

「妳何時可以付款？我已經數不清我們打過多少通電話了。」

她已經準備掛電話：「你手邊工作完成後，我們就會付款，這樣公平吧？」

「不公平，」我答道，嘴巴有胃酸的味道。「根本是牧羊人大衛對上巨人歌利亞，一點也不公平。」

「嗯。」我聽見她心不在焉的打字聲音。

「你們不能這麼對我們。」

「你們做得很好，」她又說一遍，「但我們得改革，掰了。」

我跳出車開始嘔吐。可憐的馬丁，他位在波士頓近郊、美輪美奐的房子，現在卻讓我站在他的私人車道，對著他的樹墩大吐特吐。

我的手機響了。我的無線耳機還戴著，於是接起電話。「我是約翰，」我哀嚎。

「你還好嗎?」我抬頭,發現馬丁正站在他二樓辦公室的窗前,俯首望著我。

「我吃到不新鮮的生蠔。」我聲音沙啞地說。

「你想要改時間嗎?我們可以再約。」

「不,」我抹了一下嘴巴。「我們得談一談。」

幾分鐘後,熱茶又讓我復活。我坐在馬丁 757 公升大的魚缸對面,冒泡的聲音很療癒。

「現在覺得怎樣?」馬丁問我。他的毛躁蓬髮又升高一個等級。他是用了新護髮霜嗎?

「好多了,謝了。很抱歉我毀了你的樹墩。」

「生物可分解,沒事的。」

「馬丁,雖然難以啟齒,」我開口道,「但我想我們該分道揚鑣了。」

「嗯,」他啜了一口茶,「真是讓人遺憾的消息。」

「我們的客戶一一走人,」我告訴他,「大家都把公關轉為內部業務。」

「世界在變,」他顯然能夠理解,「快到跟不上腳步了。」

「人們不再只有一份工作,」我繼續說,「而是身兼數職。公司也不再執著單一產業,而是斜槓經營。」

「找到新商機。」

「演進,」我說,「我們正處於演進階段,身心靈皆是。不演進的話,就等著滅絕。」

「別人往左時，你就往右。」他的手指頭在空中轉來轉去。「別人往右走，你就往左。」

我已經吐完，身心皆是，於是感到身輕如燕。「馬丁，你一直是我們的得力顧問，可是為了打造一間 10 億美元資產的公司，我們必須打掉重來。」

「我想沒人希望走到這一步吧，」馬丁認同，「但你們會安然度過的。要是你需要幫忙，我很樂意協助。」

「馬丁，你人真好。」

「那你接下來有什麼計畫？」

這是我這一整天首次露出笑容。「區塊鏈，」我回道，「我們要全力衝刺區塊鏈。」

「區塊鏈，」馬丁啜了一口茶，若有所思。「再告訴我一遍，區塊鏈是什麼？」

# 搞懂區塊鏈知識，為投資做好準備

讓我們重點整理一下目前所學到的區塊鏈知識，好讓你做好萬全準備，搭上 Part 2 熱血沸騰的投資浪潮。

- **具有價值的網際網路**。我們可以把區塊鏈比喻成網際網路，網際網路讓我們分享「資訊」，區塊鏈則讓我們分享「價值」。
- **區塊鏈是一種科技**。就跟網際網路是一種建造網站的科技，區塊鏈是一種建立資產的科技。

基於區塊鏈的 3 種產業類別：數位貨幣、代幣、智能合約

- **唯獨天上有的偉大支票簿**。區塊鏈的核心就是分散式帳本，也就是一種「全球支票簿」，或是分享谷歌試算表，由大家共同結算。
- **比特幣誕生區塊鏈**。比特幣是神祕人物中本聰發明的數位貨幣，在這個史詩般的創始故事中，他留下一大筆財

富，不告而別。

- **數位貨幣隨之而來**。比特幣的空前成功推動一波全新加密貨幣的浪潮，現在共有幾百種加密貨幣，或稱「替代幣」。

- **智能合約接踵而來**。區塊鏈也讓「智能合約」跟著誕生。有了智能合約，素未謀面的人也能彼此信任。

- **區塊鏈資產具有價值**。「1 千萬美元的披薩」完美演繹了這個論點，並且帶動替代幣的新經濟，目前以數位交易所的形式進行替代幣買賣，也算是一種新型態的紐約證券交易所（截至寫作時，交易所龍頭包括幣安〔Binance〕、Bitfinext、Kraken、Bitstamp、Coinbase）。

- **人人都能投資**。區塊鏈的美妙之處在於人人皆可買比特幣，或其他幾百種替代幣。雖然是貨幣型態，性質更像股票（我們稍後會一步步解析投資策略）。

- **不必恐懼**。你不需要先懂航空動力學才能開飛機，也不需要先當上區塊鏈研發人員才能投資，只要當個不斷吸取知識的海綿就好。

**Part 2**

# 區塊鏈就是未來，不可忽視

第 **11** 章

# 每次科技革命，都是致富先機

區塊鏈是什麼？

與馬丁惜別前的問題縈繞在我心頭。要是就連一個經驗老道的科技顧問都不懂區塊鏈，我們有可能簡化它，讓人人都聽得懂嗎？

於是，「人人皆懂的區塊鏈」成為我的箴言。

我知會媒體風暴團隊接下來要改變軌道時，也在內心默念這句話。

我們團隊每週一都會跟在家中工作的編輯、製作人、研發人員舉行視訊會議，10 幾個小小的視訊視窗整齊劃一排列在螢幕上，很像衛星影像，背景偶爾傳來小狗的吠叫。

「90 年代中，」我開口，「我看見網路崛起，這是我們有生之年最偉大的科技革命，但第一次看見網路時，我一頭霧水。」

## 創新科技一開始都是充滿未知

跟區塊鏈一樣，最初的網際網路還真難解釋，不只是運作模式，就連解釋為何我們需要網際網路，都讓人說不出個所以然。安裝網路瀏覽器就像是基因改良一顆番茄。

我正坐在即將讓我晉升百萬富翁的科技公司，裡面的一個灰色小隔間。「想不想看一個很酷的東西？」我同事奈德旋轉著椅子，來到我桌邊，也就是幾年後跟我搭上那輛加長型禮車的奈德。

他載入一個初步瀏覽器，打了一串神祕難解的地址，然後開啟自製網頁。「哈囉，世界！」這 4 個樸實無華的黑色字體浮現在深灰色背景。奈德興奮到難以呼吸。

「這是網頁」他激動地輕敲著我的玻璃螢幕，「是那台電腦提供的」他指向幾 10 公分外的 1 個黑色盒子，「就是那台電腦！」他露出瘋狂笑容，猛盯著我的表情，好像剛發現了穿越時空的祕密。

「不能用纜線連接嗎？」我問。

纜線！這就是我的解答！想像一下幾兆條纜線在地球錯落，垂掛在山脊、探入大海，連接起地表上每個裝置。想像一下每次離家都要解開連接著手機的纜線。纜線！我怎麼會給出這麼「聰明」的回答！

一眼看出嶄新科技的影響力實在不容易，想像一下奈德頂著一頂蓬鬆假髮，手裡握著喇叭，鑼鼓喧天地進來，宣布：「20 年後的某天，你會利用這種科技，和大家分享美食圖片！」然後吹出一聲短促的喇叭聲。「陌生人還可以用這種科技購物、幫你寄送洗髮精！」

> 當時是 1995 年。到了 2000 年，人人開口閉口都是網路。網際網路新創公司是華爾街的當紅炸子雞，那 5 年間，我們從零發展爬到巔峰。
>
> 雖然許多網際網路公司沒有成功，但有些依舊成功晉升擁有 10 億美元資產的獨角獸公司。事實上，其中一些世界最有影響力的公司，包括現在耳熟能詳的亞馬遜和谷歌，都是熬過那 5 年的嚴峻考驗，才成功出頭天。
>
> 嗅出革命濫觴並不容易，但這往往就是偉大誕生的契機。

「其實我們已經看過這部電影，」我做了總結，「區塊鏈則是續集。」

**區塊鏈是「一條」，還是「好幾條」？**

當我們說「區塊鏈」，其實意思跟「網際網路」一樣，也就是一種大型科技的通稱。

然而「區塊鏈」其實是以眾多獨立區塊鏈打造而成，就像「網路」蘊含許多獨立網站，是一樣的道理。

小裁問

「最讓我期待的是，」彼得繼續說，「我們可以幫助投資人從過去錯誤中學習成長。」我在衛星影像中看見他擦拭自己的眼鏡。「我們可以幫他們找到明日的谷歌和亞馬遜，而不是在網路泡沫化的高峰買下 Pets.com 網站。」

「那就這麼說定了，各位，」我說，「我們要全力衝刺區塊鏈，讓它變得易

懂、易於使用、易於投資，成為人人皆懂的區塊鏈！」

　　鴉雀無聲。接著遠處傳來小狗的叫聲。

　　「有人按到靜音鍵了嗎？」我提示。

　　「所以說，區塊鏈究竟是什麼？」溫蒂問我，「我的意思是，我這陣子一直讀我們寫的文章，可是該怎麼描述區塊鏈？」

　　「這個嘛，妳是怎麼描述網際網路的？」我問。

　　「嗯，」她思忖片刻，「也許可以說是某個儲藏資訊的地方。」

　　「那區塊鏈就是妳儲藏價值的地方。」

　　「什麼樣的價值？」

　　「各種價值，」潔德加入談話。即便我們僅距離彼此 1.5 公尺，卻使用不同網路攝影機。「數位貨幣、薪水資料、飛行常客點數、評比和評價……能夠儲存量化的東西。」

　　「沒有看見生活中的實例就很難懂，」羅伯觀察到重點，「如果要你解釋網際網路，你八成會點開電子郵件或 YouTube 給對方看，可是區塊鏈有什麼東西能讓人『看見』的嗎？」

　　「我們需要超強應用程式。」溫蒂贊成。

　　我的心一沉。他們說得沒錯，網路之所以起飛是因為我們有電子郵件和谷歌等超強的應用程式，而目前區塊鏈一無所有。我對這項科技並不存疑，問題是現在我也開始懷疑，我們是否欠缺天時地利人和。

　　「超強應用程式，」我逞能接道，「那這就是我們的首要

任務。我們要找出超強應用程式，再和全世界的人分享。」

「要不然自己發明超強應用程式。」羅伯建議。

「要不然嘗試到吐血身亡」我鬱悶地暗想著。

# 第 12 章

# 區塊鏈，為投資帶來民主化

　　幾週後，我參加矽谷的區塊鏈博覽會（Blockchain Expo）。現場簡直如同菜市場。

　　展覽時機真是好得不能再好，前一天的比特幣價格剛突破 1 萬美元，彷彿一夜之間被啟動開關。不只是比特幣，而是包括替代幣在內的整體數位資產市場都扶搖直上。

　　會場距離舊金山南部約莫 1 個鐘頭的車程，我和彼得擠進 1 萬人共襄盛舉的聖克拉拉會議中心，我環視別在眾人身上的名牌：那斯達克、美國銀行、星巴克、IBM。全是重量級的狠角色。

　　這一次，我和彼得不再站在那裡顧攤，而是去參觀參展攤位。大門一敞開，人群蜂擁而上，我被擠成沙丁魚，差點無法動彈。

　　「太不可思議了，」彼得大笑，手指向一排排不見盡頭的區塊鏈新創公司，「我們該從哪裡開始？」

　　「如果你看見有個拿著電子筋絡按摩器的俄羅斯女人，」我大喊，「快逃！」

　　我們要找的是超強區塊鏈應用程式，卻找到一卡車超弱應用程式。所有人都備好一套推銷話術，卻沒人推出真正的產品。每個人都想要推出全新代幣，每個人都指望你投資。

　　「我們推出的是一個區塊鏈預測市場，」一個樣子像典型企業家、身著紫色天鵝絨西裝的巴西青年忙著對我們推銷，「什麼都能預測，例如誰會贏得下一場大選，再把代幣押在你的預測上，而這些全會儲存在區塊鏈上。」

　　「所以是賭博平台囉。」我釐清狀況。

　　「預測市場，」他又重複一遍，「現在你可以 5 折售價購買我們的代幣。」

　　「你們的預測市場已經準備就緒了嗎？」彼得問。

　　「不，還在籌募資金，目標是 5 千萬美元。」

　　5 千萬！2 千萬！3 千 5 百萬！這種對話進行一陣子後，我們已經對數字麻木。

　　「最扯的是他們居然籌得到資金。」我對彼得說。我們坐在離舞台不遠的觀眾席，等待即將開始的演講。

　　「等於你找人買區塊鏈代幣，」彼得根據觀察評論，「目標就是等到價格一上漲，就立刻賣出代幣。」

　　「類似一間走紅科技公司上市前的初期投資，但不是首次公開募股（IPO, Initial Public Offering），而是首次代幣發行（ICO, Initial Coin Offering），」我啜了口咖啡，「我認為首次代幣發行就是我們第一個超強應用程式。」

## 如何在沒有公司的情況下募集 2 百億美元

之所以稱為「首次公開募股」是因為最後掏腰包的是公眾。

想要一嗅華爾街的銅臭味，看看色拉布公司（Snap Inc.）的首次公開募股就知道了。2017 年 3 月，這家社群媒體公司的股票上市。色拉布以 Snapchat 應用程式崛起，主打讓使用者能夠傳送「閱後即刪」的照片。

Snapchat 迅速在青少年間走紅，不少青少年都使用該應用程式互相傳送裸照。「性愛簡訊，性愛簡訊，性愛簡訊，這就是第一年 Snapchat 在大眾心目中的形象。」色拉布初期投資人之一的劉哲明（Jeremy Liew）如是說。[16]

劉哲明加入後，拉來其他矽谷創投公司，包括奔馳（Benchmark）和 General Catalyst。隨著色布拉的用戶層擴大，人們不只是發送裸照，亦開始用在其他正當用途，這時其他投資公司便紛紛加入行列。

色拉布舉行首次公開募股時，投資人全都迫不及待投資這家火紅的年輕公司。交易首日，股票開出每股 24 美元的價格，色拉布公司總值則落在大約 200 億美元，與長期贏家萬豪酒店（Marriott）和塔吉特平價百貨公司（Target）等公司並駕齊驅。[17]

與此同時，主管和初期投資人迅速脫手價值約莫 9 億 3 千 5 百萬美元的股份。[18] 明確來說，他們釋出部分股份，而大眾則購入他們釋出的股份。

問題是，色拉布只是在燒錢。該公司並無進帳，事實上最近一年甚至虧損 5 億 1 千 5 百萬美元。當時他們才剛踏入硬體市場，

發表內建攝影機的墨鏡，而該產品並未成功發售。[19] 最後，該公司甚至重新設計訊息應用程式，讓不少死忠用戶棄用該項服務。[20]

那麼為何有人願意投資這家公司？

這絕非單一案例，而是華爾街的運作方式，IPO 或許也是英文「恐怕定價過高」（It's probably overpriced）的縮寫。定價過高是故意的，好讓初期投資人能出售股份，並且從中獲利。

遭控炒股的美國證券交易委員會（U.S. Securities and Exchange Commission）甚至在該網站提出聲明：「除非某公司確定該投資適合你，否則不會出售 IPO 股份。」[21] 換句話說，投資決定權還是操之在該公司手裡。

有了區塊鏈，我們有機會為投資帶來民主化的一線曙光。

想像一間新創公司、Kickstarter 募資平台、傳統 IPO 的混血機構。它就像新創公司，人人都能提前投資某全新區塊鏈專案；它也像募資平台，進行群眾募資；又像是 IPO，投資人會收到類似股票股份的區塊鏈代幣（例如梵谷代幣）。

早期的初次貨幣募股（或稱 ICO）有兩大問題。第一，沒人敢說這類募股合法。若是股票，就會以股票的方式進行控管，然而它們並不是。或者它真是股票？這個不確定所導致的一連串問題，我們會在第三篇深入了解。

再者，你買的究竟是什麼？比特幣的價值來自於它擁有百萬用戶，但你買下的只是某家新公司的代幣，既沒有產品也沒有使用者，你甚至不擁有那間公司，所以你究竟買了什麼？

完美世界裡，代幣的功能跟股票一模一樣。傳統投資中，如果你購買一份特斯拉股份，你就擁有一小份特斯拉公司；如果你購入大部分的特斯拉股份，就可以向伊隆·馬斯克（Elon Musk）下經營特斯拉的指導棋。

完美世界裡，如果你開了一間區塊鏈公司，你會發行區塊鏈代幣，而代幣會記錄擁有你公司股份的人。一有人買賣股份，就會記錄在分散式帳本，也就是那唯獨天上有的偉大支票簿。

例如，一位天使投資人投入 10 萬美元，而你答應發放 10% 的公司股份給他，目前你的公司價值 1 百萬美元（或以 10 萬美元乘以 10）。簡單來說，要是你創造 1 百萬個代幣，就把 10 萬代幣匯入這名投資人的數位錢包。

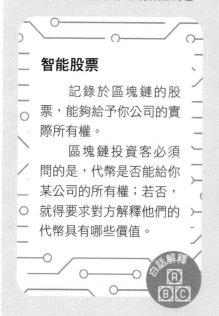

**智能股票**

記錄於區塊鏈的股票，能夠給予你公司的實際所有權。

區塊鏈投資客必須問的是，代幣是否能給你某公司的所有權；若否，就得要求對方解釋他們的代幣具有哪些價值。

白話解釋
A
B C

如此一來，該名投資人就擁有傳統股東的權利，在現有的法律框架中運作，套用風險資本家和投資人使用多年的模型，同時一步步演進為區塊鏈的模式。

把代幣想成一種經過未來設計，製作酷炫事物的「智能股票」。由於是電腦程式，不是紙本股份證書，這樣的股票就能達成更多事，例如，能更輕易整頓股東與投票，賦權公眾。

一個頭戴棒球帽、身穿牛仔褲的傢伙拖著腳走上台。「下一位講者，」他口齒不清照稿念出，「是《區塊鏈新聞》（*Blockchain News*）的創辦人，也是獲獎出版人和企……」他結結巴巴，說不出這幾個字：「起業……企鵝……氣球……

家。」

彼得抱著肚子憋笑，渾身默默顫抖。「這不是負責控音的傢伙？」他的手摸進眼鏡底下，抹掉淚水。

我這才發現他說得沒錯，剛才在調共鳴板的傢伙正在介紹講者。「也許他們請的主持人沒來。」

「應該由你上台介紹講者。」他低聲說，指向舞台。我感覺腎上腺素激增。他說得對！

「請熱烈歡迎，」控音的傢伙滿懷感激地結束致詞，「理查·卡斯特林（Richard Kastelein）。」

這是我初次見到日後將成為我們尤達[*]的男人。他的樣子完全不像尤達，虎背熊腰，一身黑衣黑褲，猶如黑玉的頭髮往上撥攏，豎成巨浪的角度。他的聲音也不像尤達，濃郁的加拿大腔調跟楓糖漿有得比。

「今早我有個令人興奮的消息想跟在座各位分享，」理查開口說，「我們剛宣布出售我們的媒體出版刊物《區塊鏈新聞》。」席間傳來掌聲。

「這是好兆頭。」我對彼得說，腦中想到我們自家的媒體刊物《比特幣市場日報》。

「可是今早，」理查說，「我想要和各位談談社群。當你思考區塊鏈的價值所在，當你要代幣成為一項好投資，最終要件還是社群。」

---

[*]　《星際大戰》中的絕地大師，是眾人的啟蒙者。

我掏出我的 Moleskine 筆記本，寫下：

## 區塊鏈攸關
### 社群

「我從事區塊鏈媒體已經差不多 2 年，」他繼續說，「我見過最有價值的代幣，都是最多人買的。有道理吧！畢竟有誰想投資一家顧客只有小貓 2、3 隻的公司？你想要的代幣必須擁有成千上萬、甚至上百萬名顧客。」

我迅速潦草筆記下來：

## 更多用戶 = 價值更高

「今天展場上有許多全新代幣發行，」理查繼續說，「可是最嚴峻的挑戰是打造社群。所有大型貨幣，像是比特幣、以

太幣、瑞波幣已經行之有年，擁有關鍵大眾，而這幾種貨幣也已經培養出社群。」

「代幣需要時間經營，」我低聲喃喃，振筆疾書。他的話語散發著真理的光暈：越多人加入你的區塊鏈或購買你的代幣，你的市場自然就會壯大。然後我寫下：

# 取得關鍵大眾

「我曾經協助不少區塊鏈專案，幫他們成功起飛，」理查說，「要是有人想和我討論該如何創建使用者社群，我整天都在會場上，我會在公共區。謝謝。」

「我們得去找他談談。」我邊鼓掌邊對彼得說。

「那現在就走吧？」彼得起身。

剩下的時間，我們都在公共區的茶几旁流連，理查·卡斯特林在那與大家進行開放交談，一坐就是好幾個鐘頭，上前攀談的區塊鏈企業家和主管川流不息。

最後，我再也按捺不住，直接不請自來坐在茶几上，裝得跟真的一樣。「嘿，各位。」我語調輕快地插話，「我是約翰。」我握了握理查的手，同時招手要彼得上前，「這位是我

同事彼得。」

「嘿，兩位，這是……」理查的手指向茶几對面、一臉嚴肅的年輕人。

「安德哲傑。」年輕人回道。我掃了一眼他的名牌。烏克蘭人。

「時機剛好，」理查對我們說，「我們正說到一個段落。那安德哲傑，有問題的話就寫電子郵件給我吧。」

「好的，感激不盡。」安德哲傑頷首答道。我們望著他離去的背影。

「他的名字還真多子音。」我說。

理查輕笑：「區塊鏈無所不在啊。」

「恭喜你賣出《區塊鏈新聞》。」彼得率先祝賀他。

「謝了，雖然還在進行，但我很滿意售價，」他隨性說出一個數字，像是隨口報時一樣自然。「當然，為了這本刊物我也奉獻不少，熬夜到凌晨 2：00，孤伶伶一人待在船屋，寫了將近 600 篇文章，但結果還算不錯吧？」

「你住在船屋？」彼得笑了出來。

「嚴格來講，算是遊艇。」

「遊艇。」我重複這 2 個字。

「對啊，我很喜歡船。我以前是旅遊作家，在世界各地航行。某次客人用比特幣支付我薪水，我老是在不同國家奔走，所以使用比特幣對我來說很合理，畢竟這種貨幣沒有國界之分！我立刻愛上了，然後接下來如你所知，我創辦了《區塊鏈

新聞》。」

「理查，我們有一間迅速成長的區塊鏈刊物，現在該怎樣才能更上一層樓？」

「現在嗎？」他吐了一口氣。「競爭激烈啊，太多人推出區塊鏈網站了。」

「那麼發行自己的代幣呢？」我問，「需要多少資金？」

「發行代幣越來越貴了，」他坦言，「需要法律、行銷……我預估 1 百萬美元跑不掉。」

「發行要 1 百萬美元，」彼得再次確認，「但你可以募集到 5 千萬美元，對吧？」

「當然，如果你夠出眾，」他一手揮向我們四周的攤位。人人都在發行全新代幣，努力印鈔。「現在越來越貴了，」他繼續說，「有些人不只在賣代幣，也搞預售，以賺取銷售資金，有的甚至是預預售。」

我再也不覺得我們是早起的鳥兒，而是晚了一大步。噪音、人群，混亂場面瞬間變得令人難以招架。「對於新加入區塊鏈的人，你有什麼中肯建議？」我問。

「培養社群，」他強調，「培養社群，然後找出增值的方法。區塊鏈就像是遼闊開放的田野，等著耕犁的肥沃土壤。」他在指間壓碎想像中的土壤。「然後還要臉皮夠厚。」

我在 Moleskine 筆記本中以斗大字體寫下：「培養社群」。但我很快就發現，我也該筆記這句話：「臉皮要夠厚。」

# 第 13 章

# 投資規則正在改變

　　舉行首場區塊鏈投資人會議，讓我感覺有些飄飄然。比特幣的售價這時接近 2 萬美元，我首批購買的比特幣已經成長 150 倍。不僅是比特幣，凡是和區塊鏈有點關係的東西都賺。現在時機正好！

　　「那我們開始吧！」我宣布，打開頭頂的投影機，人們紛紛入座。

　　「歡迎！」我開頭，「我是《比特幣市場日報》的約翰・哈格雷夫。首先，我要感謝 TechLab 舉辦這場會議！社群經理班奈狄特要說幾句話。」

　　班奈狄特接過麥克風：「歡迎光臨 TechLab，全波士頓最優質的科技共享辦公室。」他指了指咖啡吧、手足球桌、寫著「你辦得到」的勵志海報。「只要加入每月會員，你就能加入我們自由業者、遠距工作者、科技新創公司的社群。」

　　「這個空間不得了了，」我環顧四周，熱血地說，「簡直像在谷歌工作，只是不需要腦袋好。」有些人忍不住笑了。

　　「有興趣加入的話，請會後來找我。」班奈狄特把麥克風

遞回給我。

「透明化很重要，」我對幾十名參與會議的人說，「讓我先向各位說明，我個人有投資比特幣、以太幣、瑞波幣。請問在座有多少人也有買比特幣？」

幾乎所有人的手都舉至半空中。

「比特幣是入門毒品，」我說，此話引起眾人發笑。「現在請各位自我介紹一下，說明自己是怎麼踏入區塊鏈的世界，」我說，「我蠻好奇的，很想多認識『一般』比特幣投資人的背景。」

我立刻發現沒有所謂的「一般」。

現場的人之中，有在家工作的全職媽媽黛安、擁有執照的房地產經紀人崔維斯、科技企業家漢娜、專案經理卡爾、學生珍妮佛、醫師羅伯，還有從職業男模轉行踏入金融業的彼特。

至於我，則是從喜劇作家轉行，成為區塊鏈投資人。我吞嚥口水。

「區塊鏈投資人都是哪些人？」我開口，打開我的投影片。「請各位環顧周遭！區塊鏈投資人俯拾即是，這並不是開玩笑！來自各個年齡層、各種背景、世界各地、男男女女、發瘋和沒瘋的人。」幾個人咯咯笑了出來。

但就人格特質來看，我們具有 3 大共通點：

- **我們都是早期採用者**。我們較他人更早展現加入的意願，這也是成功投資人拔得獲利頭籌的關鍵。我們都是

革新先鋒。

- **我們都是科技熟客。** 投資區塊鏈需要一定程度的科技水準，我們熱愛科技，擁戴內心的極客。
- **我們活到老學到老。** 我們熱愛學習！當一個樂於學習的癮君子，這就是我向人真心推薦的原因。

「以上有說中你的人格特質嗎？」我問，許多人頷首同意。我繼續翻到下一頁投影片。

「我們正站在絕無僅有的歷史轉捩點，因為區塊鏈正在改變投資規則，而規則也需要改變！」

- 每個人都應該有權投資自己想投資的公司，不限於富人。
- 每個人都應該有權投資任意金額，不該限制金額。
- 每個人都應該有權同時投資，沒有專給某些族群的早鳥優惠。

「民主的原則，」我繼續說，「就是一人一票。而投資就是用金錢投票，難道規則不應該一樣嗎？」

底下一片鴉雀無聲。「所以說，呃⋯⋯等等。」我轉向彼得，低聲問他，「我們有帶要發放的講義嗎？」

「我以為你有帶。」

「我們⋯⋯我們先打開筆電吧，」我腳步些許不穩，「請上我們的網站看第一個區塊鏈專案 Swytch。有誰讀過他們的資

料？」兩隻小貓舉手。

「去我背包裡找找看，」我小聲對彼得說。

「Swytch 是太陽能代幣，」布蘭登率先提出答案，這個 20 幾歲的年輕人自我介紹說他是「獨立區塊鏈投資人」，意思是他辭職，大規模投資比特幣，目前是全職投資客。「只要產生太陽能，你就能賺取 Swytch 代幣。」

「就我所知，Swytch 比較類似碳權，」前銀行主管亨利說，「只要你的太陽能板產電，就能在太陽能市場販售，很像碳權。所有交易都記錄在區塊鏈，所以沒有哪間公司或國家可以擁有資料，因為是我們全體共有。」

彼得搖頭。沒有講義。

「還有人要補充嗎？」一片靜默。我不敢相信其他人都沒讀過他們的資料。好吧，我對自己說，你已經即興發揮完畢，正面接招吧。

「好的，那，」我開口，「我個人對太陽能是挺有信心的，就讓我分享一則故事。」

 **用太陽能啟動世界**

幾年前，我和太太在自家屋頂安裝了大規模太陽能電池陣列。我們很慶幸居住地點很適合：面南，有平坦的寬闊屋頂，陽光普照。

　　但投資太陽能的決定並不容易，為此我們前後思索了幾年。太昂貴，太耗時。後來還發現太陽只能再運轉 50 億年。

　　然而我們還是硬著頭皮投資，之後再也沒有回頭。你不知道以太陽能自行產電的感覺有多美妙，發現早晨起床迎接自己的是夏季溫暖的一天，太陽無比耀眼，就像是來自天上一份溫暖偌大的薪水。

　　當你把電能賣回給電力公司，收到「電費回扣」，感覺實在太美妙。我們的太陽能板每天都在鑄造錢幣，不費吹灰之力，全都交給太陽就好！

　　我們實在太滿意太陽能，最近還把座駕換成電動車，這也是一個不小的決定。所有人第一個會問的問題都是：「那可續航距離呢？」大家最擔心的莫過於電力耗盡的那一刻，古人剛把代步工具從馬換成汽車時，想必也擔心過同樣問題。

　　電力是不可能耗盡的。九成駕車都是短程，所以為因應跨國長途旅程的需求，你還有第二輛車。晚上只要像手機充電一樣幫電動車插電即可，你的車就是一種電器裝置。

　　所以太陽幫我們的房屋、裝置、汽車充電，我們靠太陽生活。一旦開始使用太陽能，你就會發現太陽能真的是最好的選擇，要是太陽完全免費，又何必使用其他能源？

　　我真的很希望有一個小盒子，可以銜接太陽能電池陣列，每當你製作出一度的電力，就能獲得一枚區塊鏈代幣，暫且就稱它「太陽幣」好了。這種代幣具有實際價值，因為其他人（例如：你的鄰居）可以用太陽幣跟你買電（長程旅行會損耗電力，所以購買新的當地電力比較划算）。

這概念類似鼓勵公司或全國上下減少汙染的碳權。投資在降低溫室廢氣排放的國家，可以將多餘碳權賣給汙染較多的國家。而碳權奏效了。[22]

我抬頭望著我們的屋頂，想到有多少太陽能沒有善加運用。太陽能的潛力無窮無盡，卻只有樹木和義大利觀光客汲取吸飽。為了取得石油而紛爭不斷，人類犧牲了多少血汗及資源，要是能把心力用來投資太陽能，這種紛爭就顯得荒謬。讓我們多花一點心力在能源上吧。

「想一想資料！」產品經理庫普嚷嚷，「在區塊鏈上儲存所有太陽能資料，我們一眼就能看出哪個區域的用電量最高，或是季節差異、經年累月的變化。會有新興公司崛起，幫其他公司和政府分析這些資料。」

「說得對，」我指向他。「這樣我們就能為世界上最需要電力的區域提供或儲存電力。」

「我們面臨的區塊鏈問題，最主要的就是能源消耗，」工程師法蘭克說，「光是經營比特幣的能源耗用量就足以為一個小國家供電。[23] 所以我的態度是半信半疑，感覺能源代幣只會耗損更多能源。」

**能源消耗**

為了經營分散式網路，比特幣和其他替代幣需要「挖礦機」或高性能電腦，可是這會耗損大量電力。

降低能源消耗就是今日區塊鏈所面臨的一大挑戰（我們還在想辦法）。

白話解釋
Ⓐ
ⒷⒸ

「那麼，要是我們製造的能源多於使用量呢？」我反問。

「能源會帶動權力，」主修經濟學的大學生凱文說，「電力消耗會促進經濟：我們靠電力生產物資；電力會招致戰爭：當你沒有電力，就會不惜為了石油開戰；電力掌控了世界局勢：當你的腳底下有電能，你就擁有全世界，可是太陽卻是人人皆享有。」

總算有人講到正題了。有些人很喜歡這個計畫，有些人恨之入骨，但只要有意願，誰都能投資。

「在場有誰願意以個人名義投資區塊鏈專案？」我問，然後算了下人頭。「那有誰會跳過不投資？」彼得很快地在 Excel 試算表上畫出統計圖表，然後把結果投放在大螢幕上。

「既然大家對此有很多疑問，」我做了總結。「我們不妨直接問問專案背後的主使人？各位先生女士，讓我們隆重歡迎

Swytch 的常務董事，安德魯・皮爾森（Andrew Pearsons）！」我動作浮誇地伸長手，揮向那個一直默默坐在角落的年輕人。他微笑揮手。

在我腦海中，這本來是隆重登場的場面。我想像一個舞台，有現場錄影觀眾、3 盞聚光燈掃過來、聚焦在安德魯身上。樂隊開始演奏音樂，觀眾驚訝地倒抽一口氣。每次都要有一個諸如此類的小驚喜。

然而我只聽見稀稀落落的哀嚎。顯然有人長期強烈譴責這個專案。

安德魯絲毫不受影響。「區塊鏈有能力讓能源生產變得更透明、平價、適應力更強。」他微笑，「我們正在 Swytch 打造更優質的太陽能區塊鏈市場，鼓勵更多人把電力換成太陽能。」

「想像一下，只需要花上一個世代，全體人類都換用太陽能會變得怎樣，」我做了總結，「就是我們這個世代。有了區塊鏈，一切都有可能。感謝各位蒞臨現場。」

鴉雀無聲。「演講結束囉。」我提醒眾人。

人們開始漫無目的地起身走動，班奈狄特走上前來。「出席率不錯。」他說，握了一下我的手。班奈狄特現年 30 來歲，模樣俊俏迷人，擁有一口皓齒，兩排完美無瑕的整齊白牙，簡直像是實驗室成品。

「你也知道，區塊鏈正夯。」我答道，渾身不自在地忘了微笑。

「所以我想跟你談一件事。我們在市區開設一間 TechLab 辦公室，」他告訴我，「這會是我們有史以來最大規模的辦公大樓，共有 8 層樓。」

「太扯了吧。」

「是啊。亞馬遜已經承接一整層樓，微軟也打算租下一層樓。」

「所以說這些公司只需要租一層樓，就能打造一間波士頓辦公室，然後交由你們負責所有事務。」

「賓果。」他指著我。

我腦海浮現一個想法：「嘿，何不將整層樓都用在區塊鏈上？」

「正有此意，」他說，「填滿這間新辦公室是我的責任。我覺得我們可以合作。」

「就像是區塊鏈孵化器。」我點頭說道。

「所有區塊鏈的新創公司、區塊鏈投資人、區塊鏈公司……都可以把這間辦公室當成自己的地盤。」

「成交，」我說，「我不用再想了。這對波士頓有好無壞，對區塊鏈也是。」

「其他事後再詳談。」他說，並且遞給我他的名片，對我露出湯姆‧克魯斯（Tom Cruise）式的笑容。

「一起發財吧！」

結束之際，我感覺到比會議一開始時更輕飄飄。我們成功邁出家庭辦公室、走進區塊鏈了！這可是我們第一個正式合

作！接下來我查看電子郵件。

> 收件者：約翰・哈格雷夫
> 主旨：你的「投資人」活動

哈格雷夫先生：

身為一名時常被客戶追問比特幣的理財規畫師，我決定自己親眼見證比特幣風潮，最後卻反感地提前離場。

擅自提出財務建議是非常不負責任又危險的行為，你不具備文憑資格，沒有免責聲明，沒有提出警告，只是鼓吹粉紅泡泡中的比特幣，而你的「投資人」最後會損失慘重，分文不剩。因為他們其實根本不是投資人，而是投機商人。

正因為有你這種人，我們才埋頭苦讀 1 千個鐘頭，成為理財規畫師。我知道這是你第一場見面會，希望這也是最後一場。

我看見潔德正在清理披薩空盒。「我們今晚花了多少錢？」我問。

「大約 1 千美元，」她一一細數，「餐飲、場地租借、影印費用⋯⋯雖然某些影印可以分期付款，」她算了算，「968 美元左右，我覺得還挺划算。」

「妳讀一下這個。」我把手機塞給她。

「他講得也有道理。」她把手機塞回給我，繼續清理。

　　這封電子郵件讓我心情瞬間酸澀。即使比特幣價格飆漲，質疑聲還是把我從天堂打回人間。這就是阿班在撲克牌之夜提出的問題：真的只是一場賭博嗎？

# 第 14 章

# 是「投資」，還是「投機」？

「各位，今天比特幣的收盤價是 2 萬美元，」我把 1 張 5 美元鈔票丟在桌上。

「然後你只下 5 美元？」科克問。

「我只有這些現金，」我承認，「其他都被比特幣綁死了。」

「我聽說他們現在發行了比特幣期貨。」阿班坐下，打開一罐啤酒。「可能因為這樣才能帶動投機熱潮吧。」

「今天你說是投機，明天就是投資了。」我把底注推向中間。就當有用吧。

「你對 1840 年代英國鐵路泡沫了解多少？」正在發牌的華頓畢業生伊凡問。「英國人對鐵路未來十分期待，於是將鐵路股票售價炒到最高點，接著有權有勢的鐵路資本家暗中操縱市場，賄賂記者炒熱這股風潮，結果股市崩盤，所有中產階級家庭痛失畢生積蓄。」

「聽起來很耳熟。」阿班說，似笑非笑地瞧了我一眼。

我敲桌面，不下注。科克也不下。

　　阿班推出一枚撲克籌碼。「我看過很多這種大手筆豪賭的人，把畢生積蓄投資在過度炒作的股票上。他們往往會賺錢，接著又豪賭一把，第二次就輸個精光。若真想要賭，他們應該去賭場，至少還有免費的酒可以喝。」他啜了一口啤酒。

　　「我這陣子都在讀比特幣的文章，」伊凡跟了阿班的賭注，我也跟了。「有個傢伙靠比特幣大賺一筆，後來卻一毛錢不剩。」

　　「為什麼，他把錢花光了嗎？」科克問，他蓋牌。

　　「不，他是真的一毛不剩。把硬碟捐給慈善二手商店。」

　　「捐得好。」阿班說，攤牌。

　　「沒有私鑰就不算數，」伊凡說，收攏全部賭金，「一旦捐出私鑰就無法挽回。」

　　「那是我想刻在我墓碑上的句子。」我插嘴。

　　「下賭注。」科克說，他交錯洗牌。

　　「我可以告訴你，投資人才沒那麼勤奮。」我承認，「我們舉辦見面會，根本沒人事前研究這些計畫案。」

　　「這樣啊，比特幣應該沒有衡量制度吧？」阿班咀嚼著一把燕麥穀物，「我整天都在看本益比、每股盈餘，諸如此類的評估標準。可是有評估比特幣的標準嗎？」

　　「價格囉。」我回道。

　　「但是什麼價格？根本沒有可以用來跟它的價值相比的東西。只是價格比價格，說到底就只是一間鏡廳。」

　　「德州撲克，」科克宣布，「加鬼牌玩。」

「你們知道查爾斯・道（Charles Dow）嗎？」伊凡問，「股市剛成立的年代，他正好擔任財經記者，當年也遭遇相同問題：投機客太多，卻沒有衡量標準，於是查爾斯・道發明一個簡易的測量標準，用來評估整體市場。他發想出道瓊工業平均指數，也就是 12 家大型工業公司股市的平均數值，簡直是財經天才。」

「Alexa，」科克喊道，「誰知道的比較多，是妳，還是伊凡？」

「很抱歉，我不知道這個問題的答案，」智能助理 Alexa 回道。

「她剛說啥？」科克問我，耳朵朝我的方向湊上來。

「她說是伊凡。」

「Alexa，」科克又喊了一次，「播放舞曲。」

科克的 Alexa 智能助理裝置開始播放大衛・鮑伊的〈與我起舞〉（Let's Dance）。

「這才叫財經天才，」我說，丟出我的牌。「你們聽過鮑伊債券嗎？」

 **代幣化音樂**

1997 年，英國搖滾歌手大衛・鮑伊（David Bowie）發明了一種全新的投資工具——「鮑伊債券」。鮑伊債券和投資銀行家大衛・普曼（David Pullman）[24] 攜手合作，提供 10 年 7.9%的利

息。就讓我用白話文解釋鮑伊債券怎麼買吧。

身為一名投資人，你買入鮑伊債券，由大衛‧鮑伊未來唱片的收入支持該債券。假設你投資了 1 萬美元，意思是你把這筆錢「貸款」給大衛‧鮑伊和他的銀行。他們會從〈太空怪談〉（Space Oddity）等歌曲的版稅抽取 7.9%的利息支付給你，直到債券成熟，再把 1 萬美元還你。

信貸評級機構穆迪公司（Moody's）進行債券的投資級評比，[25] 最後該債券募集到 5 千 5 百萬美元，[26] 大衛‧鮑伊再用這筆錢，買回他過去唱片的版權，然後投資幾項新事業。[27]

鮑伊選擇有保障的前期授權金方式，而不是以未來權利金支付。鮑伊投資大筆金額在新網際網路公司，當時 Napster 等檔案共享服務正開始重挫音樂產業。他趁傳統音樂產業這棟建築爆炸前縱身一躍，不偏不倚降落在氣墊船上。

大衛‧鮑伊「代幣化」了他的音樂，他展現出他的音樂具有未來價值，經過包裝，讓投資人以股份形式購買未來音樂的價值。鮑伊沒有發明債券，但他讓即使是像音樂這種抽象的東西，都可分割成好幾份股份。

試想這對於投資人來說是多詭異的事。「你要買一小份鮑伊音樂？」你可以想像某個傢伙這樣問他的工作夥伴。「請問價值何在？」可以確定的是，今天我們聽見有關區塊鏈代幣的質疑，其實也有不少人在當代對鮑伊債券提出同樣說法。

「那才不是代幣化，」阿班冷靜聲明，「那是債券。」
「而這是賭注。」我反駁，推出一大疊籌碼。
「我不跟。」科克說，他攤牌。

「我跟，」阿班似笑非笑的臉露出更多笑容，「還要加注。」

伊凡蓋牌。

我沒預料到會是這個局面。牌桌上，5 張牌攤開：J、8、4、2、A。我偷瞄了一眼我的暗牌：1 張 J、1 張鬼牌。

「Alexa，」我裝腔作勢大喊，「同花順的機率有多高？」

「很抱歉，我不知道這個問題的答案。」Alexa 回答。

我交錯洗著撲克籌碼。咯咯咯。

「噢，不舒服。」科克指了指自己的助聽器。

「抱歉，」我押上賭注。「全下。」

「這才像話嘛！」伊凡微笑，拿一根胡蘿蔔沾鷹嘴豆泥。

「全下。」阿班跟我賭上全部，他的籌碼明顯比我高。

「我要買更多籌碼。」我對科克說。

「不能這樣做。」

「你可以把比特幣當籌碼。」阿班建議道。

「比特幣是用來投資，」我提醒他，「不是賭博。」

「好吧，那讓我們看看你有什麼牌。」阿班說。

「還沒，」我的目光牢牢鎖定這名精靈。「科克，把雪貂拿來。」

「你不能拿軟軟先生跟他賭！」科克哀嚎。

「科克，」我低聲咆哮：「快把雪貂拿來。」

接連幾分鐘，空氣中都瀰漫著尷尬的沉默，唯獨伊凡咀嚼胡蘿蔔的聲音打破這股靜謐。我和阿班互不相讓死盯著彼此，

我像是一條準備出擊的眼鏡蛇弓起身子，阿班一隻胳膊隨性垂墜在椅背上，一副毫不在乎的模樣。

隔壁房間傳來金屬碰撞的聲響。「軟軟先生。」科克惱怒地呼喊，一疊鞋盒墜落。

伊凡發出噗哧一笑，可是我仍保持冷酷的一號表情，等阿班先眨眼。他的臉色跟俄羅斯戰爭密碼一樣高深莫測。

「這樣才乖，」科克說，然後把他的雪貂放在牌桌正中央。長得如蛇的囓齒動物倉皇失措到處竄跑，撞散幾疊整齊排放的籌碼和紙牌，最後跳下牌桌逃命去。「軟軟先生！」科克嚷嚷。

「好，」阿班說，他似笑非笑的表情絲毫沒有動搖。「我跟你的雪貂，再加你一個人類。我賭伊凡。」

「我跟你的伊凡，再加你一個科克。」

「所以……」

「人類生而平等，」我說，「所以你可以追加雪貂。」

「好了吧，」伊凡說，「快點翻牌，兩位。」

我面朝上揭露一手牌：「3 張 J，次大牌 A。」我屏住呼吸。他只要有 3 張 A 就能贏過我的 3 張 J。

「有意思。」阿班以誇張的慢動作緩緩移動。

「你有什麼牌？」科克問。

「有意思，」阿班重複道。「因為我也一樣。」他丟出 1 張 J 和 1 張鬼牌。

和局。於是我們對分賭注。這是我們最後一次對分了。

第 **15** 章

# 遏止惡性通貨膨脹

「歡迎光臨波士頓區塊鏈特區，」我的手戲劇性一揮。「之前這裡叫做金融區，但我們昨天已經改名。」我讓大家有時間飽覽 15 樓的壯闊景色。「這邊請！」

我們帶領金融主管和避險基金經理穿梭於 TechLab 的嶄新區塊鏈空間。「朋友們，穿過這扇門道後，就是區塊鏈孵化器的心臟。之所以稱之為區塊鏈孵化器，是因為我們正在培養區塊鏈小寶寶。」

「這是顯示比特幣和前十大替代幣即時價格的行情顯示器，但看來今天是失靈了。這裡有一間區塊鏈諮詢公司、一間區塊鏈投資公司、一間區塊鏈交易公司。他們總共架設了 25 台螢幕，不出週末這群人就會長腫瘤了。」

「這是我們全新的錄影室，再往前走就是區塊鏈新創公司區域。這些傢伙把辦公室堆滿果凍，從地板到屋頂，裡面凌亂不堪，但這些都不是真的，雖然我希望是真的。然後……我們就來到區塊鏈簡報室。」

過去 1 個月來，我一天帶領 2 次導覽，開幕日還沒到，我

們已經推銷出 TechLab 整層樓的空間。一般來說，導覽會引發更多笑聲。

「區塊鏈，」我在頭頂的投影機輔助下開始展開演講。「正在打造財富權勢的新世代，也就是成為區塊鏈億萬富翁的新世代。我們稱這群人『鯨魚』，因為他們能在數位貨幣市場掀起波瀾。當然，不少人也有可以噴水的大鼻孔。」

一群烏鴉飛過。在我腦海中，這個笑話明明很好笑，可是會議室裡的空氣卻凝結，一片死寂，富達投資（Fidelity）的人眼睛死黏著他們的筆電。

「我要給各位看一段 HBO 主持人約翰・奧利佛（John Oliver）的區塊鏈介紹。」這位脫口秀主持人最近才做了一段逗趣的比特幣單元，我把剪輯影片投放在螢幕上，讓現場來賓觀賞。[28] 怎料音檔無法正常播放，影片斷斷續續。沒有人笑。

「區塊鏈正在改變你的工作，畢竟區塊鏈也在改變貨幣。說到改變貨幣」我掏出我的皮夾，「在座有人能找開我的 20 美元鈔票嗎？」幾個鐘頭前，這招分明讓聽眾笑得人仰馬翻。「沒有嗎？大家都只有百元鈔？」

「我應該有。」會議室後方的避險基金行政管理人正在數鈔票。

「沒關係。」這種感覺簡直像是被人拿溼冷鱒魚打臉。「讓我們說說貨幣改變的本質。」我換了張顯示撲克籌碼的投影片。

「現在我們來進行一場思想實驗。想像你生活在一個官方

貨幣是撲克籌碼的國家，再想像一下你們的撲克籌碼經濟體面臨空前絕後的通貨膨脹。上個月一份三明治只需要 2 枚撲克籌碼，這個月卻要價 4 枚。你有意以 1 千籌碼購買的汽車現在要價 2 千。」

「幾年後，你過著苦哈哈的生活，連吃飯錢都負擔不起，於是政府開始鑄造新顏色的撲克籌碼，每一枚的價值都高達原本籌碼的 1 千倍。照理說這樣可以解決問題，對吧？現在售價 2 籌碼的三明治要價 2 千籌碼，可是所有籌碼價值都是 1 千倍之多，等於還是 2 枚籌碼！」

「這樣行不通的。」避險基金行政管理人低頭盯著手機說。

「沒錯。三明治店老闆的收入還是不夠花，於是他又漲價。現在 2 千籌碼的三明治要價 2 百萬籌碼。最後三明治貴到連老闆都開始秤籌碼的重量，現在 1 份三明治的價格是 0.91 公斤重的百萬元籌碼，等於三明治要 1 兆美元，三明治內容物一樣沒變，而且還沒有夾酸黃瓜。」

「我們懂了，」避險基金行政管理人說，「惡性通貨膨脹。」

「沒錯，面對一個惡性通貨膨脹的經濟體，我們該如何是好？」

「移民囉！」這居然是本日第一個引起哄堂大笑的句子，而且是由避險基金行政管理人說出口。

「怎麼移民？」我氣憤地問。「你連買一份三明治的錢都沒了，請問怎麼移民？」

「你有很多錢，只是沒有那個價值。」

「沒錯，」我盡可能維持自己的主控權。「所以你收到薪水後，就把撲克籌碼轉成比特幣，這筆薪資就會存在你的比特幣帳戶，也就是你的數位錢包，直到你需要購物為止。然後你去當地咖啡館，跟籌碼兌換商見面。」

我接著說：「籌碼兌換商很好認，他就戴著一頂軟呢帽、坐在角落抽菸。他買下你的比特幣，你就像寄電子郵件一樣把錢匯給他，然後他依據今日的市場匯率發給你撲克籌碼，現在你就能買菜或繳稅了。即使政府不承認籌碼兌換商，人民仍然會私下使用比特幣交易，人民總能在惡劣政府的統治下找到出路。儘管如此，政府也無能為力，無法遏止金錢流出他們充滿漏洞的金融體制。」

「這正是委內瑞拉面臨的狀況，」其中一名富達投資主管大發議論，後來我才知道他其實早就買了比特幣。「委內瑞拉貨幣嚴重貶值，人們必須把錢放在秤上測量重量，而不是一一數錢。」

「辛巴威不也發行 100 兆鈔票？」她其中一名同事發聲。

「你們說得都沒錯，」我回道。「可以料想得到，這幾個國家的人民將是首先轉而使用數位貨幣的人。」我換了一張投影片。

| 國家 | 漢克年測通貨膨脹率 |
|---|---|
| 委內瑞拉 | 48,072% |
| 伊朗 | 260% |
| 土克曼 | 128% |
| 阿根廷 | 122% |
| 蘇丹 | 103% |
| 土耳其 | 90% |
| 葉門 | 66% |
| 辛巴威 | 46% |
| 南蘇丹 | 37% |
| 賴比瑞亞 | 32% |
| 健康經濟體的目標通貨膨脹率[29] | 2% |

　　「這張表格來自『受困貨幣計畫』，[30]也就是約翰霍普金斯大學的史蒂夫・漢克（Steve Hanke）教授的智慧結晶。他研究無法維持本國貨幣穩定的國家，金錢最後變得像撲克籌碼，但由於很難找到這些國家的可靠匯率，所以漢克也使用『籌碼兌換商』的黑市匯率資料。」

　　「一個國家的貨幣是怎麼落到這種地步，變成毫無價值的撲克籌碼？」我問。

　　「戰爭。」避險基金行政管理人喊出答案。

　　「貪汙。」富達投資主管說。

「缺乏國家基礎建設。」她的同事也加入了。

「主因全要歸於信任崩塌，」我指出。「當政府失信於國民，人民就不再信任政府的貨幣，這就是數位貨幣所需要的踏腳石，猶如讓種子落地生根、開花結果的人行道縫隙。」

「人們漸漸不信任政府，」我繼續說，「而我們也漸漸不相信金融體制，眼前的任務就是建立大家對嶄新數位貨幣的信任。比特幣是國際貨幣，可以在政府不干預的情況下，幫助金融邊緣族群。」

**金融邊緣族群**

　　不具有傳統金融機構帳戶的公民。包含出於不信任而不去開戶或無法開戶者。
　　區塊鏈讓金融邊緣族群不用經過銀行關卡，就能享受金融服務。

大學問

「建立信任的同時」我切換成最後一張投影片，「我們可能也會成為區塊鏈億萬富翁。這是 2017 年初用來投資股市的 1 萬美元。」我解釋，「對比同期投資於比特幣的 1 萬美元。」

「聽著，」避險基金人總算放下手機說話了，「比特幣只是粉紅泡泡，瘋狂的價格飆漲全出自人類的投機、恐懼、貪婪，未來一定會崩盤。你假設的撲克籌碼世界裡的人，只是從一種不穩定的貨幣換成另一種。」

這是我那天最安靜的時刻，最後我開口：「那麼，」以下是我巧妙詼諧的反擊，「還有其他問題嗎？」

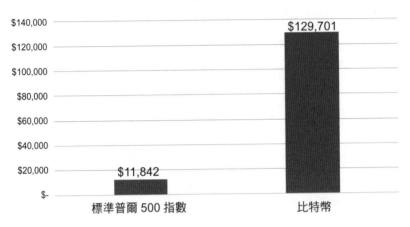

2017 年投資的 1 萬美元

20171/1 ～ 2017/12/31 的收益。
資料來源：奇摩理財，CoinMarektCap 加密貨幣網。

　　結束後，大多匆匆離去，挺教人失望。也許趕著去練高爾
夫揮桿吧，我心想，或是去幫家裡全新的酒窖補貨。

　　TechLab 的班奈狄特正在服務台工作，他對我投以一百度
電力的笑容：「進行得如何？」

　　「來了不少人。」我回道，盡可能保持正面思考。

　　「我看得出來，所以有件事想跟你談談。」

　　「你想把課程換到更大的空間？」我滿懷希望地問。

　　「不，」他說，「正好相反。現在越來越不容易控管參
加活動的人，我們要讓警衛檢查訪客，還必須確定他們在參加
完會議後離場。有些人根本沒有支付日票，就在這裡晃上一整
天。」他露出迷人微笑，「我們這裡又不是咖啡廳。」

　　「我以為你會很滿意，」我回道，對於今天發展的轉折相

當惱怒。「看看我們幫 TechLab 做了多麼有效的宣傳。」

「我們當然很感激，」班奈狄特的笑意絲毫未減。「可是你可別忘了，你們不是這個空間的主人。」

「確實不是，」我回答，「不過你也別忘了，帶人進駐的可是我們。」

班奈狄特發出一聲大笑，打破緊繃的氣氛，然後伸出手：「那我們都做得很好。」他握住我的手說道。

這場對話不由得讓我擔心起來，因為我們活動的要求日漸增加。難不成我們正邁向麻煩嗎？

第 **16** 章

# 預測當下的強大武器——
# 投資人計分卡

經過上一場在區塊鏈簡報日碰上難纏聽眾，你就知道面對一群瑞士投資銀行家演講，我的心情有多忐忑。

「我們的下一名講者，」主持人宣布，「是媒體風暴的執行長。容我向各位介紹，他就是預言加密貨幣不會有未來的人。讓我們熱烈歡迎約翰・哈格雷夫。」

什麼？我什麼時候做過這種預言？就像是一腳把我踹入糞坑，他將我一把推上台。「我到底該不該糾正他？我需不需要澄清一下？」這些念頭在短短兩秒內閃過我腦海，就像吃角子老虎機的轉盤，最後落在「當作沒聽見吧。」

我望著正前方偌大的會議室，現場座無虛席。我正在瑞士楚格的大會場地演講，多虧他們富裕多金和思想前衛的政府，這個地區很快就定位為區塊鏈矽谷。我吞嚥口水。

每個人看起來都很專業。燙得筆挺的襯衫、平整的西裝，我的德文荒謬可笑，他們的英文無懈可擊。我感覺我來到一個銀行家就是主宰物種的星球，最後其中一人會把我裝進籠子，當作寵物豢養。還會說「這隻猴崽子有夠好笑！」

我展開一段後來變成「區塊鏈市集」的即興演講段子。

 **區塊鏈市集**

　　以下是一個思想實驗。想像一下你正穿越人潮擁擠、我們稱為區塊鏈市集的市場。每個攤位小販都在販賣代幣，其中一些只需要 0.01 美元，有的則要價上千美元。代幣可能擁有潛在價值，也可能沒有價值。

　　「來買珠寶幣唷！」一名小販吆喝。「擁有你自己的珠寶鏈！儲存在區塊鏈的珠寶！貨真價實的珠寶！」他身邊圍繞著高腳杯，裡面滿是閃爍微光的珠寶，接著他把一只裝有鑽石的裝飾聖杯倒進黃金桶。「女王本人支持的喔！」

　　「別理他，」一名打扮講究、身著保守套裝的女人說，「我可以向你解說一下汽車幣嗎？我們跟 5 大汽車業者合作，把資料從自動駕駛車轉存入區塊鏈，取名為汽車幣。千載難逢的機會喔。」

　　「快來看看大麻幣，」第 3 個小販插嘴，是一頭蓬髮暴牙的年輕人，「這是區塊鏈中的區塊鏈，衍生物中的衍生物。鏈中的貨幣鏈，辣椒乳酪鏈來著。」他眺望遠方。「好吧，老實說是大麻代幣。」

　　你要怎麼在這瘋狂中釐清腦袋？

　　現在想像一下，你拿著一張簡易計分卡穿過市集，計分卡上寫著你要問的問題，你必須持續發問，直到你聽見以白話解釋的答案。

　　例如，計分卡上有一列標示「合作」的文字，你走向珠寶幣小販並開始拷問他。「你剛說這是女王本人加持的，」你問。

「請問你指的是女王陛下，伊麗莎白二世？」

他一臉錯愕。「哦，不是那個女王，兄弟。你知道，是另外一個。」

「所以說是丹麥女王，瑪格麗特二世？皇后拉蒂法 *？冰雪皇后 **？」

他咯咯笑了，左顧右盼。「也不算是，兄弟。」

「不然是誰？」

「你知道啊，」他壓低音量，「變裝皇后。」

計分卡可讓你為每個類別打出 1～5 顆星的評價。在「合作」底下，你給了他 1 顆星。

接下來，你走到推銷汽車鏈的那位小姐面前。「妳剛說你們跟 5 間汽車業者合作，請問是哪 5 間？」

「福特、日產、豐田、本田、通用汽車。」

「了不起，」你回答。「那是什麼樣的合作關係？有簽約嗎？」

「這 5 間公司已經同意會將測試資料傳送到我們的區塊鏈，好讓我們取得研發新產品的初始資料。」

「所以全都是簽約合作？」你再一次確認。

「3 家與我們已經簽訂合約，2 家是口頭約定。」

即使只有 3 家汽車大廠簽約，還是很強而有力的合作，於是你取出 1 張新的計分卡，在「合作」的項目為汽車幣打上 5 顆星。

最後，你走到大麻幣那攤。「你們有哪些合作商？」你問。

---

* Queen Latifah，美國女演員兼饒舌歌手，本名達娜‧伊蓮‧歐文斯。
** Dairy Queen，美國的連鎖冰淇淋商店。

「切奇和崇！」他咯咯傻笑。

你在計分卡上打了 4 顆星。就大麻幣來說，切奇和崇喜劇二人組可說是不錯的合作夥伴。

「大多數的人穿過市集，」我繼續說，「遭到大肆宣傳團團包圍顯得手足無措。」這片沉默也讓我手足無措，就像一個小朋友面對一群冷漠無感的觀眾，努力表演手偶。「所以我們才設計區塊鏈投資人計分卡，這是你在區塊鏈市集裡的祕密武器。」

「區塊鏈投資人計分卡最早發表於一份論文，論文的共同執筆者則是我和哈佛經濟學家納普魯普・薩赫德夫（Navroop Sahdev），以及今天這場盛大會議的瑞士總召集人歐嘉・費德麥爾（Olga Feldmeier）。」我邀請聽眾鼓掌，盡可能保持現場氣氛活絡。

「我們改編自提摩創業模式（Timmons Model of Entrepreneurship），設計出這款計分卡。[31] 提摩模式可讓你比較不同商業機會，以公平合理的標準進行比較，而我們只是把它改用在區塊鏈市場。」

「不僅如此，我們將區塊鏈投資人計分卡變成開源資料。你會在椅子下發現一份副本。」這句話讓觀眾情緒激動：免費贈品耶。「而這很快就成為區塊鏈投資評分的產業標準。以下就是做法。」我點開下一張投影片。

## 分析市場

| | 高潛質（5） | 低潛質（1） | 價值 |
|---|---|---|---|
| **市場** | | | |
| **它所解決的問題**<br>是否有該代幣可以解決的明確問題？ | 明確可辨 | 問題不清晰 | |
| **客群**<br>你能清楚指出該代幣未來的使用族群嗎（職稱、人口統計等）？ | 可辨識、可採納 | 不可辨識或難以採納 | |
| **價值創造**<br>若一名用戶採納該代幣，能為其公司或生活方式增加多少價值？ | 高價值可辨識 | 零價值 | |
| **市場架構**<br>這個代幣會用在哪種市場結構？ | 新興崛起或零散型 | 集中型或成熟型 | |
| **市場規模**<br>潛在市場是否太小、太大，或剛好？ | 1 億美元以上 | 少於 1 千萬美元 | |
| **法規風險**<br>市場和代幣普遍來説是否可能在未來面臨其他法規？ | 低 | 高或高度法規風險 | |
| **平均市場得分**<br>上述 6 項的平均得分 | | | |

　　「區塊鏈跟人息息相關，」我比出空手道的手勢，藉此強調說明。「區塊鏈代幣若要有價值，就要有人使用。所以誰會

使用區塊鏈？不是投資人，是最下游使用者嗎？我們是否能在腦海中明確想像這個人？究竟誰才是顧客？」

我接著說，「如果你投資表弟的三明治店，你會想先知道上門用餐的客人屬於哪個族群，他們會點多少東西，全國上下對三明治的需求是升高或降低。這就是市場。先認識你的區塊鏈投資市場。」

## 分析競爭優勢

| | 高潛質（5） | 低潛質（1） | 價值 |
|---|---|---|---|
| **競爭優勢** | | | |
| **科技／區塊鏈平台**<br>代幣是建立於知名的區塊鏈，抑或從零開始？ | 現有區塊鏈 | 全新區塊鏈 | |
| **時間領先優勢**<br>與概念上性質雷同的公司相比，該團隊是否具有利開端？ | 強 | 無 | |
| **人脈和網絡**<br>該團隊接觸市場關鍵人物的能力？ | 發展完善 | 發展有限 | |
| **平均競爭優勢得分**<br>上述 3 項的平均得分 | | | |

「他們是否有一條護城河？」我問，「某個能讓競爭對手難以攻破城堡、拿下他們的利器？他們是否具有永續競爭優

勢，例如專利、獨家合作、大品牌撐腰？」

**ERC-20**

在以太坊平台發展區塊鏈計畫的協議標準。隨著區塊鏈標準成形，往往也吸引更優秀的工具、團隊、人才。

我接著說，「用以太坊為例。以太坊是在 2015 年由一群研發師組成的一流團隊，是打造區塊鏈智能合約的平台。ERC-20立刻就成為標準，意思是它的工具優質、人才濟濟、訓練優秀，所以在以太坊打造合約既快速又便宜，這就是他們無懈可擊的護城河，幾乎獨占壟斷。」

「儘管如此，」我又繼續說，「科技的進展速度飛快。曾有個叫作 MySpace 的社群網站，本來看來十全十美。他們擁有 1 億用戶，[32] 公司價值 120 億美元。[33] 可是今天我還得提醒你 MySpace 是什麼樣的網站，否則你不知道。」我頓了頓。「MySpace 是社群網站。」

我按了下一張投影片，上面寫著：「在 MySpace，你叫破喉嚨都不會有人聽見。」

前排有 1、2 個人笑了出來。總算。

「團隊，」我盯著這張投影片。「今天現場有多少風險資本家？」幾個人舉手。「團隊重不重要？」我大吼問道。

一群瑞士烏鴉飛過。

## 分析管理團隊

| | 高潛質<br>（5） | 低潛質<br>（1） | 價值 |
|---|---|---|---|
| **管理團隊** | | | |
| **創業團隊**<br>該團隊是否有顯著的成就紀錄？ | 一流的「超級團隊」 | 無能團隊或獨自創業 | |
| **產業／技術經驗**<br>該團隊是否在該產業具有多達「1萬個鐘頭」的經驗值？ | 超級豐富的紀錄 | 新手菜鳥 | |
| **職業操守**<br>該團隊是否展現一絲不苟的誠信和完整透明度？ | 最高標準 | 有待商榷 | |
| **平均管理得分**<br>上述3項的平均得分 | | | |

　　「這應該是最重要，」我略微躊躇。「因為你可以實際看見團隊。團隊是否具有顯著的成就紀錄？他們在這個產業是否累積經驗值？他們能讓你感到信賴安心嗎？即使是大學剛畢業的年輕團隊都該有些成績。」

　　會場後方有個人對我比了一個讚。瑞士人總算大解放。下一張投影片。

## 分析代幣機制

| | 高潛質<br>（5） | 低潛質<br>（1） | 價值 |
|---|---|---|---|
| **代幣機制** | | | |
| **代幣需求**<br>某問題是真的需要靠代幣解決，抑或它只是「可有可無的區塊鏈」？ | 不可或缺 | 可有可無 | |
| **附加價值**<br>代幣是否附加全新價值，或者只是「另一種代幣」？ | 具有高度區隔性 | 仿效型代幣 | |
| **去中心式**<br>是否真為去中心式（像是網狀網路），抑或由公司控管（像是基地台）？ | 用戶控管 | 公司控管 | |
| **代幣供應**<br>代幣供應量是否已知不變？抑或未來還會繼續發行、沖淡價值？ | 可預測的固定數量 | 不確定而膨脹 | |
| **公開交易所**<br>該代幣會在哪間數位交易所上市？ | 信譽優良的已知交易所 | 未知或信譽評比差的交易所 | |
| **最小可行商品**<br>是否具有現成產品抑或最小可行商品？ | 有可用商品 | 只有白皮書 | |
| **平均代幣得分**<br>上述 6 項的平均得分 | | | |

「投資區塊鏈代幣就像是投資一個小型經濟體，你可以把它想成購買外幣。你想買的應該要是強勢穩定的外幣（例如瑞士法朗），而非容易膨脹操縱的外幣（好比委內瑞拉銀幣）。」

　　「第一個需要問的問題是，代幣真有存在的必要嗎？我們看過不少區塊鏈專案，他們遭遇的問題可憑中心式資料庫輕鬆解決。而區塊鏈是去中心式的：沒有公司擁有區塊鏈。有些公司只是跟風，需要特別留意。」

　　「代幣是否會在數位交易所上市？換句話說，若你日後想脫手代幣，有沒有買賣家市場？還是你手中的代幣難以脫手，根本沒人想買，你只好在推特上找買家？」

　　「最後，跟對方要求樣本。要是他們對區塊鏈專案的志向遠大，至少請對方提出基本原型。我們稱這個是 MVP 最小可行商品。很多人單憑一張像下方這樣的投影片，就願意撒錢投資區塊鏈專案。」

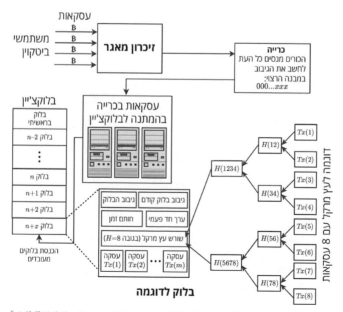

「比特幣區塊鏈—01.png」CC BY-SA 4.0 授權，尤西亞繪製。

這時我聽見真心的大笑，因為室內所有人都見過諸如此類的圖表。下一張。

### 分析用戶接納度

| | 高潛質（5） | 低潛質（1） | 價值 |
|---|---|---|---|
| **用戶接納度** | | | |
| **技術性難度**<br>不具技術背景的人是否能理解概念？ | 不具技術性 | 高度技術性 | |
| **光環效應**<br>代幣是否與信用良好的品牌或機構具有強烈聯結？ | 強烈的光環效應 | 不足或無光環效應 | |
| **話題性**<br>討論度高嗎？他們在社群網站上擁有多少粉絲？ | 社群討論度高 | 社群討論度低 | |
| **平均用戶接納得分**<br>上述 3 項的平均得分 | | | |

「我們是人云亦云的動物，」我說，「很容易受『認知偏誤』所欺騙，只要一篇寫得漂亮的公司背景故事、知名創辦人，不然只要別人都說這專案好，自己就跟著信了。[34] 理查・費曼（Richard Feynman）曾說：『首要原則是絕對不能騙你自己，偏偏你自己就是最容易被騙的那個人。』」[35]

「這讓投資人陷入兩難。一方面，我們必須小心不陷入

自己的認知偏誤；另一方面，認知偏誤卻很重要。如果區塊鏈專案擁有強大的創始故事、有來自谷歌或優步的創辦人撐腰，加上幾篇精采絕倫的財經刊物加持，那麼投資人就會相信這個代幣具有價值，未來可望看漲。既然如此，哪有不投資的理由？」

一個想法突然襲上我心頭：「觀感主宰現實。」

我停頓。這想法打哪來的？為何如此強烈？

「觀感主宰現實，」我繼續脫稿演出。「要是夠多人買帳，它就變成大家共有的現實。最不可能發生的事都可能發生，看看美國政府就知道了。」這個笑話輕而易舉就讓眾人笑了出來。

### 分析得出平均分數

| 總得分<br>上述 5 個項目的平均得分 | | |
|---|---|---|

「以上就是區塊鏈投資人計分卡的 5 大項目，」我說，換了最後一張投影片。「然後你會得出一到 5 顆星的平均分數，就像區塊鏈投資人的 Yelp 評論網站評比。」

「人人都想知道未來。比特幣何時會再度漲到 2 萬美元？區塊鏈何時會占領全世界？我們何時會成為億萬富翁？」

「沒人能預測區塊鏈的將來。」我兩手一攤。「我們甚至無法預測特斯拉股票下週的走向。伊隆‧馬斯克可能在淋浴

間滑倒，一頭撞上浴缸。區塊鏈甚至比伊隆・馬斯克更反覆無常。」

「我們無法預測未來，但我們可以預測當下，」我又說下去。「而區塊鏈投資人計分卡就是預測當下的強大武器。我是約翰・哈格雷夫，感謝你們今天蒞臨。」

掌聲啊，掌聲如雷！開場雖然搖晃不穩，但結尾或許還不賴。我的腦袋已經在列出改進清單：別那麼急著搞笑。別再提大麻代幣。你在想什麼？還有，好好治裝。

主持人站在舞台下方的音板旁邊。「『加密貨幣不會有未來？』」我搖頭問他。「請問我何時說過這種話？」

他一臉困惑：「你自己的網誌啊，老兄。」

「你在說什麼？」

「這裡，我還有加入標籤。」他的手在筆電上撥來弄去，最後把筆電遞上來。螢幕上是一篇我寫過的網誌文章，名為「這就是『加密貨幣』不會有未來的主因」。

「我是在說這個名稱不會有未來！」我嚴正聲明。「我說的是銀行絕對不會接受『加密貨幣』這種名稱。他們會稱之為『數位資產』或『替代幣』之類的。」

「欸，不會有未來確實是你說的啊。」

就在這時，幸好加密貨幣高峰會總監兼加密貨幣交易所SMART VALOR 執行長歐嘉・費德麥爾（Olga Feldmeier）打斷我們。「我只是姑且一試，」她說，「我不知道你會表現得怎樣，瑞士人又很嚴謹保守，結果呢……」

「結果……」我重複這兩個字，心臟快要沒力。

她突然露出燦爛笑容：「你讓我們臉上有光。」

我的心跳再次跳動：「謝謝，歐嘉。」

說時遲那時快，我收到一封簡訊，是彼得傳來的。

> 有一筆需要談的大交易。
> 你絕對無法相信。

幾秒後又來一句：

> 你現在距離波蘭多遠？

第 17 章

# 如果區塊鏈運用在飲料，怎麼運作？

「是一家波蘭能量飲料公司。」彼得告訴我。

「波蘭能量飲料公司，」我愚蠢地重複他的話。

「類似蠻牛，」彼得點頭，「不過是波蘭品牌。」

「波牛。」

我眺望出飯店房間的窗子。現在是華沙冬季，天空顏色猶如工廠黑煙，我的身體早已放棄分辨時區。

「他們有意接受我們的提議，」小視窗裡的彼得說，「前提是要先跟你見上一面。」

「酬勞有多少？」潔德問，我看得出她的背景是我們的家庭辦公室。

「至少 2 萬 5 千美元，但不只這樣。」

「彼得，這是公關工作。」我嘆氣。

「可是我們很需要，」潔德插話，「秀英還沒付我們薪水，再說……」她停頓。「我們今天又失去一個客戶。」我感到更洩氣了。

「公關客戶最近都在問『你們還有在從事公關工作

嗎？」」彼得目光越過眼鏡上緣，「上我們的網站時，他們看到的都是區塊鏈、區塊鏈、區塊鏈。」

「就好像我們有兩間公司，」潔德說，「原本的公關行銷公司和全新的區塊鏈公司。」

「我們正處於轉型尷尬期，」我認了，「所以我今天才打算會見波蘭能量飲料公司。」

彼得發出短促叫聲。「我們已經跟公司的行銷主任說過了，」他描述，「現在只需要向他們的主管團隊爭取合作機會。」

「誰？」

「創辦人和財務長。」也就是大老闆還有管錢那位。

「你覺得他們會先給我一杯能量飲料嗎？」我揉了揉眼睛。「我真的很需要來 1 杯……或 1 打。」


公司櫃台還真的讓我試喝飲料，味道很接近蠻牛。俐落光明的白色大廳氣氛活潑，加框的海報中，從事高能量活動的年輕人手舞足蹈、埋頭寫作業，白色的博士牌（Bose）喇叭震動播放著電子音樂。

「這邊請。」櫃台人員帶領我走進一間模樣單調的會議室，三名不苟言笑的主管正在裡面等候，跟我不久前才走進的大廳簡直天壤之別。

「哈囉！」我主動向他們打招呼，說話音量稍微過大，能量飲料正在發揮效用。

「約翰，」行銷主任頷首。「很開心總算見到你本人。這是我助理，還有本公司財務長巴托茲。」

「真榮幸見到各位。」我們握過手後，我掏出筆電。「我來會議室之前喝了一罐能量飲料，要是我電力充太飽請見諒。」

「了解。」她面無表情瞪著我。

「說到電力，」我說，「你們有沒有可以接上螢幕的電線？」這是每場會議前的例行公事：前 15 分鐘把筆電接上螢幕。這時助理跳上前協助。

「請問你們的創辦人呢？」我禮貌詢問。

「他不在。」行銷主任說。

「懂了，」空氣中一片沉默。「我們應該等他嗎？」

「他目前人在曼谷。」

我眨了眨眼。我可是大老遠為了這件事跑來波蘭耶。

「我們可以作主，」巴托茲僵硬地表明。我注意到他沒有筆電，只有一本黃色記事本。他的頭朝向已經接上我筆電的螢幕點了一下。「請你開始說吧。」

「區塊鏈！」我仗著波蘭蠻牛的能量開始，「區塊鏈是我們這一代最偉大的科技！而它正在改變世界。」

我點開一張投影片，上面洋洋灑灑列出幾百項區塊鏈專案，以不同產業分類。「區塊鏈正在破壞現有金融、保健、教育、供應鏈，甚至政府。區塊鏈就是未來。」

「我剛從這場區塊鏈大會飛來這裡」我點開一張大會現

場的鳥瞰照片，現場人山人海、全是衣冠筆挺的瑞士銀行家，「天啊，拜你們飲料之賜，我的手臂一點也不痠。」

氣氛凝結靜默。我正在打一場冷戰。

「這就是商機所在，」我推銷，「區塊鏈革命的官方合作能量飲料。想像一下在世界各地的區塊鏈會議上將你們的飲料發給大家。你們也可以特別創造一種新口味。咖啡因可以增加兩倍嗎？」我大喊。

「是可以增加 2 倍咖啡因，沒錯。」行銷主任回道。

「管他，增加 3 倍吧！」我點開下一張投影片。「還不只這樣。想像一下每罐飲料都有一枚貨幣。」

「裝進罐子裡？」巴托茲問，「喝的人會嗆到吧。」

「不是實際的貨幣，」我解釋。「是區塊鏈代幣，屬於你自己的數位貨幣！」

「飲料就是加密貨幣。」行銷主任對巴托茲解釋。

「飲料本身就是貨幣！消費者會買更多飲料，好賺取更多貨幣。他們可以在交易所買賣你們的貨幣 —— 也就是你的區塊鏈代幣。」

「就像集點點數。」行銷主任充當翻譯。

「就像具有實際價值的集點點數！」我感到勢不可擋。「你想像得到這樣可以促進銷售嗎？顧客以後都不喝其他飲料了，快來申請專利吧！」

「要怎麼做？」巴托茲滿臉狐疑地問。

「你可以想像瓶身加入掃描條碼。」我回答。

「行動條碼，」行銷主任幫我解釋，「也就是我們發送贈品的做法。」

「沒錯，」我手指向她。「你買 1 瓶飲料，用手機掃描瓶身條碼，接著就會跳出 1 個應用程式，你立刻獲得 1 枚貨幣。我們可以取名為咖啡因鏈。」我一把抓起我的 Moleskine 筆記本，振筆疾書：

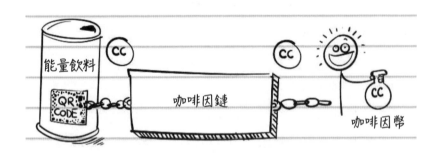

「你們憑空創造這些貨幣，暫且稱為咖啡因幣好了。」我解釋，「可是它們在真實世界是有價值的，因為人們可以把貨幣換成實際獎品，好比旅遊和演唱會。」

行銷主管點頭道：「很接近我們去年辦的抽獎彩金。」

「可以把這想成存在區塊鏈的點數，差別在於人們會買賣

點數。」

「那決定點數價值的要素是什麼？」巴托茲問。

「市場！」我嚷嚷。

「所以說 5 千咖啡因幣能讓你換取 1 場旅遊，」巴托茲推斷，「而 1 場旅遊要價 5 千波蘭茲羅提。1 枚咖啡因幣等於 1 波蘭茲羅提。要是人們開始以雙倍價格交易咖啡因幣，一咖啡因幣等於 2 波蘭茲羅提，這樣有誰會要想拿咖啡因幣換旅遊？」

「他們或許會開始把咖啡因幣當成投資買下啊！」我露出自信滿滿的微笑。

「那假設咖啡因幣價值貶了一半，或是十分之一。再假設你可以隨心所欲購買咖啡因幣，然後換成我們得用現金購買的獎品。」

「但這種情況不會發生，」我反駁，「只要咖啡因幣可以轉換成現實世界的價值，市場就會傾向你的獎品價值。」

「嗯，」他輕敲著他手上的筆。「那誰來監督？」

「這就是最棒的一點！」我爽朗回道，「區塊鏈是去中心式系統！沒人有絕對持有權！」

「所以我們要顧客在無營業執照的交易所，買賣一種無法規規範的證券，然後我們要負直接責任。」他瞪著我，「而這種貨幣叫作『咖啡因幣』。」

我目光掃向行銷主任求救。她愛莫能助。

「不一定要取名咖啡因幣，」我回答，咖啡因的亢奮已逐

漸消退。「先聽我說，你們的創辦人完全贊同這個構想，他懂的。」

「我們創辦人在曼谷。」巴托茲說。我瞄了眼他的黃色記事本。他只寫了 3 個字，並用一條線劃掉：

# 區塊鏈

我回到飯店房間時，能量飲料公司創辦人的電子郵件正在等候我。我點開視訊會議的應用程式，撥號給他。

「約翰嗎？嘿。」他那邊一片漆黑，我只隱約看出他的輪廓。「抱歉我今天到不了現場，我人在曼谷。」

「我有聽說。」

「進行得如何？」

「巴托茲不太買帳。」

他笑了：「所以錢才交由他管啊。」

「你在曼谷做什麼？」我問，「出差嗎？」

「不，只是來度假。等等，我開一下燈。」他的視訊視窗豁然明亮，我發現他沒穿上衣。

「你知道，我是連續創業狂，」他語氣慵懶地說，手裡拿著一罐啤酒。「創辦能量飲料公司，買了一卡車的比特幣，現在我是數位遊牧民族，來泰國生活幾個月。」我聽見像是捕蚊燈的聲音。

我在腦海中回溯自己的人生，跟他愜意輕鬆的人生相比，

我簡直是做牛做馬。他的能量飲料公司有賺頭，我們卻遲遲無法讓惡劣的銀行客戶付款。

「也許我應該套一件上衣，」他笑了出來，彷彿這才發現我一身襯衫和運動外套。

「我習慣視訊會議穿正裝，」我說，「你自在就好。」

「等我一下。」他消失在視訊螢幕前，而我回想起這一切。我特別前來華沙跟人在泰國的他進行視訊會議。視訊錄影機外，再度傳來捕蚊燈的聲響，遠方有隻公雞正在啼叫。

幾分鐘後，他穿著一件白色亞麻襯衫回來，鈕子沒有扣好。他的身材好得驚人，我瞬間擔心起這場視訊會議是否會有什麼意料之外的發展。「所以說，要進行嗎？」他問。

「巴托茲似乎不感興趣，」我坦白，「即使我已經使出渾身解數。」

「你聽我說，最終決定權在我。這點子很好，區塊鏈革命的官方合作能量飲料。買飲料就獲得貨幣，細節的部分我們再慢慢思考，企業家都是先拚再說。」

「那是當然。」

「我們上吧！」他咆哮。

「我們上吧！」我也學他咆哮。

電腦關機、爬上床時，我感到樂陶陶。我們真的要做到了！可是就在我漸漸進入夢鄉前，某個令人不安的想法浮現我的腦袋：我們究竟在做什麼？

# 第 18 章

# 信任，才是貨幣穩定的基礎

　　一直到我抵達聯邦儲備系統地下室那天，處理一件即將取代聯邦儲備系統的案子，我才真正明白「諷刺」的意思。

　　波士頓的聯邦儲備大樓是 1 棟 32 層樓的龐大機構，絲毫不輸史丹利‧庫伯里克（Stanley Kubrick）在《2001 太空漫遊》（*2001: A Space Odyssey*）裡的神祕架構，差別只在於這棟大樓是白色的。佇立在這棟建築物前，我感到自己很渺小，又敬又畏，而我居然被邀請入內。我來這裡是參加區塊鏈科技會議，聯邦儲備主管震撼到不可思議的演講主題「探討區塊鏈如何改變全球金融市場」。但我實在很難專心聽演講，因為我始終甩不掉一個念頭：天啊，我人居然在聯邦儲備系統耶。

　　美國聯邦儲備系統恐怕是地表最強大組織，以其複雜多樣化的權力維繫金融制度的穩定，好比設定利率、管理美國國庫、發行貨幣、制定私立銀行法規，也是「走投無路時的債主」。若金融系統是建於誠信，聯邦儲備系統恐怕是世上最多人信賴的機構。

　　聯邦儲備系統是銀行，也是一棟大樓，明確來說是 12 棟

大樓。而我人正坐在波士頓分部的地下室，在這頭野獸的胃裡
——餐廳。

「我們要發行一種全新的『穩定幣』。」我們未來的客戶
正透過視訊會議解釋。

「那是什麼？」彼得問。

「穩定幣，」語速飛快的未來客戶重說一遍，他過去是外
匯交易商，現在全心投入區塊鏈。「很類似比特幣，只是跟美
元掛鈎，所以比較穩定。」

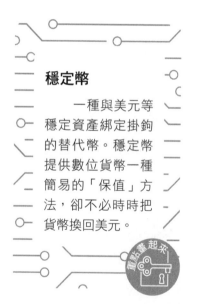

**穩定幣**

　　一種與美元等穩定資產綁定掛鈎的替代幣。穩定幣提供數位貨幣一種簡易的「保值」方法，卻不必時時把貨幣換回美元。

「所以要是買穩定幣，」我試圖釐清，「這種貨幣可以保值？」

「沒錯。我們 1 枚貨幣價值 1 美元，而且不會像比特幣上下波動。你有看見今天的價格嗎？」

「拜託別再提醒我了。」我哀嚎。

「你能想像交易這種東西會怎樣嗎？」他繼續說。「你晚上
睡覺時錢都存在哪裡？平倉後所有錢都轉成比特幣，夜裡才睡
得著，隔天早晨醒來卻發現，轟！一半價值都飛了。」

我在 Moleskine 筆記本寫下：

## 穩定幣 = 存錢的好所在

「所以你的穩定幣永遠都價值 1 美元嗎？」彼得想要釐清答案。

「正是，由黃金支持。如果你以 1 美元購買我們的代幣，我們就以等值 1 美元的黃金支持。」

「黃金在哪？」我問。

「金庫。」

「金庫在哪？」

他閃爍其詞地笑著說：「某個安全的地方。投資人可藉由即時影像確認金庫裡的黃金，刻有數字的金條也能在區塊鏈上追蹤。」

「此時此刻，」我誇口，「我真的被價值上百萬美元的龐大美國貨幣金庫包圍，說我被錢海淹沒都不誇張。」

「可是，」他反擊，「1971 年，尼克森總統宣布美元和黃金脫鉤後，這筆錢就失去了實際價值。」

「現在有數位貨幣，」我回道，「很多人都認為這種貨幣不具實際價值，可是數位貨幣現在又有真實黃金支持。」

彼得嚎叫：「我真不敢相信你人在聯邦儲備系統的食堂！」

「可惜的是 1 碗湯要價 1 百兆美元，」我說。

「我們得宣傳穩定幣，」未來客戶當作沒聽見，繼續說下去。「你們能協助擬定行銷計畫嗎？」

「不只有這樣，」我告訴他，「你還得建立信任感。否則投資人憑什麼相信你們的金庫裡真有黃金？」

「因為他們可以看見刻有日期的……」

「那只是好萊塢特效，」我反駁打發他，「登陸月球那套說詞。」

「可是黃金條塊有產品編號……」

「運用前投影效果幕不就得了。」我打斷他。

「區塊鏈可以審計追蹤……」

「人類不是理性的動物，如果我們想要相信某樣東西，會信到嚥下最後一口氣；反之，要是我們打死不信，邏輯再強大都說服不了我們。」

「嗯。」這說法總算說服他。「所以你們要怎麼讓買家相信？」

「信任感。」

「要怎麼建立信任感？」

這是前所未有的問題，事實上似乎也是核心問題，答案就在中央銀行裡！

「信譽有幫助，」彼得說，「在一段不短的時間裡完成大量豐功偉業，建立信譽和可靠度。」

「我猜這很像信任一個人，」我補充，「培養信任感需要

時間。」

「巴菲特是怎麼說的？」未來客戶問。「他好像是說『建立信任感需要 20 年，但摧毀只需要 5 分鐘。』」[36]

「那你的 20 年從現在開始計算，」我微笑，「我們要開始了嗎？」

「好，」他不耐地回道，「開始吧。」

「我會幫你擬定合約。」彼得說，可是一個壯碩警衛站在我桌前，打斷視訊會議。

「你必須關掉網路攝影機，」警衛說。他可不是鬧著玩的，連「先生」都沒說。

「我先掛電話了，各位。」我對他們說，然後關機。

我收起筆電，走回安檢門，穿過金屬探測器、武裝警衛，最後再欣賞聯邦儲備系統的碩大金黃色徽章：展翅高飛的龐大老鷹。再仔細看一眼，我發現它有點像套上鳥裝的吉祥物。

我踏入波士頓區塊鏈區的寒峭陽光，回想起哈拉瑞在《人類大歷史：從野獸到扮演上帝》（*Sapiens: A Brief History of Mankind*）中，提到有關金錢的觀點。「信任是鑄造所有貨幣的原料⋯⋯」又補充，「貨幣是有史以來人類創造過最廣泛有效的互信系統。」[37]

某個極為諷刺的想法再次襲上我心頭。人人都在說數位貨幣將會取代美元，既然如此，我們何必要打造與美元掛鉤的「穩定幣」？這就好像宣布你打算創立自己的國家，但在那之前得先徵得現存國家的許可。

宣布獨立前必須先獲得許可？這可不像美國人的作風。

這是一顆在我腦袋裝置的定時炸彈，而我現在也植入你腦袋。美國的理想很可能與自我相互衝突。

我從小接受的教育告訴我，美國為了獨立英勇對抗英國領主暴政，但倘若這種獨立精神當真根深柢固存在我們的國家基因，那麼這種獨立為何不該拿來跟美國本身對抗？

「獨立真的是美國價值嗎？」我行經波士頓茶黨船舶及博物館時大聲問了出來。「不應該是人類價值嗎？人類對獨立的渴望難道不應高過政府威權？」我突然停下腳步。「追尋獨立的路上，我們為何得先尋求許可？」

這種想法絕對只會惹禍上身。

第 **19** 章

# 怎麼決定要不要投資？

概念很簡單明瞭：區塊鏈版的《創智贏家》（*Shark Tank*）。

當然，評審清一色是女性。

你可能對真人實境秀《創智贏家》不陌生。一名野心勃勃的企業家會對成功投資人說明推銷自己的理念，對方則試圖找出該商業計畫的弱點，最後評審不是跳過不投資，就是在節目上當場決定投資。

這個節目的戲劇張力在於評審考驗企業家的能耐時，看見他們坐立難安的模樣。這對區塊鏈來說真是完美主義，我心想。我們可以教導投資人如何思索全新區塊鏈專案，寓教於樂。區塊鏈版的《創智贏家》似乎勢在必行。

於是我們又來了，又是一場在 TechLab 舉辦、門票銷售一空的區塊鏈活動。現場有攝影機和燈光，甚至還請來暖場樂手。這可不是一場枯燥乏味的區塊鏈討論小組，而是娛樂節目！各位，這真的發生了！

「現場有多少女士？」我詢問觀眾，席間傳出此起彼落的

尖叫歡呼。「想必各位女士都清楚，區塊鏈界的陽氣太重，所以我們需要更多女性參與，讓我們聽見妳們的聲音。今晚，請讓大家聽見妳們的聲音。」又是歡呼聲。觀眾席中有位女性的上衣寫著「中本聰是女人」。

「區塊鏈陽氣太重，」我即興演出，「睪丸酮太高或許危險，會導致瘋狂冒險的行徑，例如投資區塊鏈，」我停頓等待眾人大笑。「我們需要堅強又有智慧的女性，為我們帶來與眾不同的觀點。今晚我們請來 3 名最堅強又最有智慧的女性擔任評審嘉賓。」

「各位先生女士，但女士請多來一點掌聲，讓我們熱烈歡迎潔西卡、納普魯普及黛安！」我們請來的樂手是錄音師喬蒂．海茲（Jodi Heights），她彈奏一首主題曲，眾人鼓掌歡迎評審入場。

「接著是我們的 3 位區塊鏈企業家：阿傑、麥克、安德魯！」另一段音樂響起，掌聲再次響起。我們找來聚光燈、布景、贊助商，這類活動所費不貲。

節目編排的效果比我想得更好。每位企業家各有 5 分鐘時間，可以暢談自己的點子，3 名女評審則負責拷問他們。女評審各個腦袋機敏精明，我聽著企業家和評審之間的搏鬥，慶幸我只是主持人。

「你說你想要募資 1 千萬美元，」IBM 主管潔西卡問，「請問你打算拿這筆錢做什麼？」

「首先，產品研發，」阿傑回道，他正在建立一個追蹤各

種替代幣社群網站活動的平台。「然後是行銷，再來……」他越說越小聲。

「我不會投資你的平台。」潔西卡下了定論。

「你要怎麼說服別人使用你的產品？」麻省理工學院的研究員納普魯普發問，「你的區塊鏈要用什麼方式獲得關鍵多數？」

「口耳相傳，」目前正在創辦貿易互惠區塊鏈平台的麥克說，「平台的本質是有機成長，人與人互相幫助，對嗎？」

「你還敢問我！」納普魯普回嗆。

「你的團隊有哪些人？」在家工作的職業母親兼區塊鏈投資人黛安問，「他們還有哪些成就？」

「只有我和我的共同創辦人，」正在率領一間區塊鏈研發公司的安德魯坦承。「但我們有遍布全球的大型程式設計師網路。」

「有多少人？這些人都在哪裡？具有多少區塊鏈經驗？」

真是既精采又讓人坐立難安。

我們額外提供區塊鏈投資人計分卡，好讓觀眾也能替每個計畫評分。觀眾提問結束後，我們請每個企業家進入待定區，請大家投票：有多少人願意投資這個區塊鏈代幣？

這個經驗寶貴無價，因為可以讓我們看見區塊鏈投資人的真實想法。他們問了哪些問題？他們都是怎麼做決定的？我們的女性評委則負責示範，在投資人狂灑努力賺來的資金前，應該先進行什麼樣的全盤檢視。

「別害怕提問，」我對觀眾說，「別先入為主說『這問題也許很蠢，』根本沒有所謂的蠢問題，這樣只是拱手讓出權力，告訴世界你很蠢。如果你有問題，別人肯定也有，所以直接問準沒錯。」

「我們為何要拱手讓出權力？」我問，毫無頭緒自己打算說什麼。「我們可以爭取自身權力。」我停頓。

這跟區塊鏈到底有何關係？我感覺自己好像在懸崖上衝過頭的卡通人物，這時才發現自己懸在半空中。之後這會是我非常熟悉的感受。

「我們可以爭取自身權力。」我又重複一遍，望向喬蒂，盼她出手相救。她點了點頭。

「我們可以爭取自身權力，」我做了結語，「喬蒂·海茲！」

儘管喬蒂有著一頭亮眼的粉紅紫髮，坐在鍵盤前唱歌時，姿態卻十分優雅。

這一切意義何在？
別拿空白話語搪塞我。
我不想要只有一張漂亮臉孔。
我有天生的志業。
要是永遠當個淑女，我怎能創造歷史。

我的眼眶泛淚。這實在太感人，意義遠遠超過科技！區塊

鏈只是我們把訊息傳遞到世界的載體。我的視線掃向觀眾查看反應，幾個女性正在拭淚。

一個畫面浮上我腦海。每天早上冥想時，我都想像著金黃光芒籠罩我的心臟，然後逐漸擴大、包圍著我的身體，擴散至我的家人和房子、我的當地社群、整個波士頓，最後擴大至美國、地球。

這個畫面躍入我的腦海：純淨的金黃光芒從我的心臟向外四射，擴散籠罩著整個 TechLab 的活動場地，流進每個人的內心，滋潤充飽，最後又流回我心裡，純真濃烈地放大。

「要是永遠當個淑女，我們怎能創造歷史，」我說，重複喬蒂的最後一句歌詞。「讓我們一起創造歷史。為喬蒂・海茲熱烈鼓掌！」眾人鼓掌。


幾個鐘頭後，我準備離開 TechLab 時，班奈狄特正在櫃台等我。「約翰。」他露出迷人笑容。

「嘿，班奈狄特。」我兩手抱著器材設備。「今晚多謝你的幫忙。」

「很高興活動進行順利，」他說，「但有幾個員工告訴我，你對女性很失禮。」

「我？什麼？」我錯愕，袋子沒拿穩滑落。

「活動開始前你對尤蘭達大小聲。」

我掐了掐鼻樑。「會場根本還沒準備好，」我解釋，「她事前應該打理乾淨的，不是嗎？」

「今天稍早有場大活動，那間會場的使用率很高。」

「會場根本是場災難，到處都是垃圾，留下一堆披薩盒。我的團隊當時正在為活動做準備，也許我語氣確實有點急躁，我很不好意思。」

「你對女性應該一視同仁。」他說。

「那個⋯⋯」我靠近一點，仔細觀察他是否在說笑。他是認真的。「你知不知道今晚的活動主題是什麼？」

「不是區塊鏈嗎？聽著，我會好好安撫尤蘭達，可是說真的，活動結束後你得盡快撤場。」

「你知道這是在幫 TechLab 免費宣傳吧？」我問。

「可是結束後留下來打掃的人是我們。」

「你和尤蘭達？」我問。「因為她真的不是什麼清潔專家。」

這是我第一次看見他臉上的笑意消散。「對，」他回答。「我和尤蘭達。」

「祝你好運。」我說，拾起掉落地面的袋子，頭也不回地離去。

現在回想，這恐怕正是壓垮班奈狄特的最後一根稻草。

第 **20** 章

# 用 10 秒鐘說明區塊鏈

「喂，各位！」我大喊，「可以小聲一點嗎？我要接一通面談電話！」

「抱歉，」尼克邊說邊調低正播放著女神卡卡〈天生完美〉（*Born This Way*）的音響音量。我們租了一輛巴士，將它搖身一變，成為一場 6 輪行動派對：區塊鏈巴士。而這輛巴士正穿梭在波士頓車陣中，想方設法趕上 9：00 開始的波士頓區塊鏈週活動。

我接聽無線耳機：「我是約翰。」

「約翰？這裡是全國公共廣播電台（NPR）的史提夫，現在還方便說話嗎？」

「一直都很方便。」我環顧區塊鏈巴士內形形色色的極客和怪咖。公車座椅已經移除，車內掛著一顆迪斯可球燈、擺出一桌豐盛早餐，幾個人已經提前喝起酒來。巴士外頭是週一的尖峰時刻。

「太好了，」史提夫答道，「那我開始錄音囉。」

「你慢慢來。」我望出車窗，有個傢伙正在狂按喇叭，試

著繞過我們。巴士卡在小巷子裡動彈不得，很快就演變成喇叭齊鳴的情景，區塊鏈巴士形成了「堵車鏈」。

　　顯然這邊瘋狂的情景並沒有透過耳機傳到史迪夫那側。「我會問你幾個問題，」史提夫繼續說，「我們再把這段訪談剪輯成大約 10 秒，在 NPR 車輛高峰時段播放。第一道問題，請說明波士頓區塊鏈週。」

　　「用 10 秒鐘？」我想確定我沒有誤會。

　　「或者不到 10 秒。」

　　「這個為期一週的活動是波士頓區塊鏈社群組織的活動。區塊鏈是去中心式系統，波士頓區塊鏈週也是。沒人擁有，人人皆可參與。」

　　「懂了。那可以請你快速解釋一下區塊鏈嗎？」

　　「用 10 秒鐘？」

　　他笑了：「或者不到 10 秒。」

　　「不，不行，我辦不到。」

　　「請試一試。」

　　「開源資料。就像開源軟體，比特幣是開源貨幣，區塊鏈是開源資料。」

　　「麻煩請稍加說明。」

　　「用 10 秒鐘。」

　　他笑了：「沒錯。」

　　「請試著想像木塊和鏈條。每次我們兩人金錢交易時，都在一塊木頭上記錄下來，接著再以一條鏈子串起木塊，好方便

看見交易次序，再把它放上公開空間，讓每個人都能看見並且
加入這個行列。」

「所以這就是你所說的『開源』。」

「這是區塊鏈。」

 **木塊和鏈條**

跟我同為極客的朋友吉姆正好很擅長使用工具，於是做出了
真實的區塊鏈。吉姆切割出大量木塊，將每一塊為某個朋友或親
人客製木塊，並以鏈子串起。

一開始他只是好玩，開開區塊鏈的玩笑，沒想到不久後開始
瘋傳，幾百人匯款給他，要他幫忙在真正的區塊鏈上客製化他們
的木塊，就好像人們會在當地遊樂場購買一塊紀念磚。

後來他把所得捐給慈善機構，而不是利用這筆錢開創他的區
塊鏈木材公司。

為了賦予區塊鏈系統實際形象，「木塊」和「鏈條」的概念
很有用。區塊鏈並非實際的「物品」，不過有時還是得畫出這樣
的圖。

舉個例子，假設有個區塊鏈計畫叫「駕駛鏈」，目的是蒐集
你所有駕駛資料：從你離家、抵達目的地，總長開了多遠，時速
多少等資訊。再假設你有個能夠自動追蹤所有資訊的小型衛星導

航裝置。

　　這可是相當寶貴的資訊，例如汽車保險公司能利用這些情報，打造專屬於你的利率（不常開車的安全駕駛獲得的利率，會高於駕車時常橫衝直撞的駕駛）。

　　保險公司可所有資訊儲存在大型中央資料庫裡，這也是今日的做法，但他們也可以在區塊鏈上儲存資料，並以下圖顯示：

　　「木塊」代表著是區塊鏈本身（好比分散式帳本），兩端皆有帳本雙方用戶。別忘了帳本是分散式的，意思是複製在成千上萬台電腦中（並非某人擁有）。但為了簡化，我們把它畫成木塊。

　　區塊鏈往往是雙向市場，例如比特幣就有一個「買家」和一個「賣家」，而我們以一條鏈子將兩方銜接上木塊。衛星導航裝置只是將你的駕駛行為等資料輸入區塊鏈，這裡以一個箭頭顯示。

　　我們以簡易圖表表達的意義其實很深遠：如今資料不再只是存在某保險公司的電腦裡，而是存於共享區塊鏈，可供數家保險公司取用，各家評估顧客的風險檔案，最後祭出最優利率搶客。

> 套句 Geico 保險公司最有名的廣告台詞：「15 分鐘就能讓你的汽車保險省下至少 15%」，提供保險業者更有用情報，區塊鏈甚至能幫我們省更多。

我們恰好在 9：00 前抵達目的地，並開心發現週一一早就有小群觀眾聚集。媒體渴望任何與區塊鏈有關的資訊，特別是跟這場一樣詭異的記者會。

我爬上現場架設的階梯頂端，踩踏寫著「請勿站在此台階」的警告標誌，然後抓緊街道路標、穩住自己的重心。

「燈塔街！」我開口道，「美國歷史的誕生地。」我佇足在梯子頂端，一陣強風襲來，害我整個人稍微左右搖晃，於是我趕緊捉牢燈塔街的街道路標。

「這條街上」我空下來的那隻手謹慎揮了一下，「有穀倉墓地（Granary Ground），約翰‧漢考克、山謬‧亞當斯、保羅‧里維爾等諸多偉大先賢的安息地。除此之外，還有州政府所在地麻薩諸塞州議會大廈。這裡就是美國的開國之街！」

一輛警車緩緩駛過，我心生畏懼地望著它。其實我們沒有獲得許可，不行這麼做。

「燈塔街是美國歷史的誕生地，同時也是波士頓區塊鏈的誕生地，真的太巧了。這也是為何我們今天要為燈塔街更名……」

媒體風暴團隊的同事溫蒂遞給我全新街道路標，看起來超帥氣。

「……改成區塊鏈街！」

街道路標設計得完美無瑕，我不曉得溫蒂是怎麼辦到的——綠色沖壓金屬、白色俐落字體。我舉起它，擺在原本的街道路標上方，完美契合。

我們把嶄新路牌掛上舊路牌時，眾人興奮歡呼。我們用魔鬼氈黏上，好方便撕取。我環顧四方，看附近是否有警察。安全過關。

「讓我們為區塊鏈歡呼 3 次！」我高舉拳頭呼喊。「萬歲！」我的拳頭揮向空氣。「萬歲！」又一拳。「萬萬歲！」我的梯子剎時搖晃不穩，我的手瘋狂抓向街道路標，懸掛在人行道上 3 公尺的半空。

哈格雷夫攀上路標，黏上「區塊鏈街」

「你們能相信今天有這麼多媒體出席嗎？」彼得當晚笑著說。我們再次蜂擁進入區塊鏈巴士，舞池地板在上下跳動——

這可不是隨口說說，巴士偶爾會壓過路面坑洞。

「網路時代結束後，我就沒這麼開心過！」我嘶吼回覆，好讓我的音量壓過迪斯可音樂。

「這太讚了，」彼得有同感，「誰不想要曝光！我們現在有的是擺在眼前的機會。」

「我們真的要把這變成區塊鏈媒體公司了！」

彼得高高舉起啤酒，與我裝著牛奶的一口杯碰杯，我們一飲而盡。

「我們總算到了！」我吼道。

「是啊，好事總算發生了。」

「不，我是說我們到達目的地了。」我指向窗外。

「這一站，」DJ 以廣播系統流暢宣布，「是區塊鏈街的歷史路標。你曾經讀過、也曾在電視上看過它。這個今早才剛啟用的區塊鏈街歷史路標。」眾人喧鬧著衝出巴士，想要欣賞我們的手工作品。

路標不見了。

不只是僅以魔鬼氈固定的區塊鏈街路標：整個街道路標都不見蹤影。感覺彷彿有人偷走歷史，再也沒有區塊鏈街，也沒有燈塔街！

「被人偷走了嗎？」彼得納悶著，「當作紀念品？」

我無言以對。這是什麼意思？

「好吧！」我招呼著眾人回到巴士，「這裡沒什麼好看的！真的沒東西可以看。」

　　DJ 開始播放歌曲，巴士司機關上門，我們很快再次上路。我和彼得沉默片刻，彼此陷入深思。

　　「也許我們應該先申請許可。」我坦承。

　　彼得啞然失笑。「可能只是被小屁孩搬走，」這是他的結論。「再來一杯？」他輕搖著牛奶罐。

　　我厭惡地凝視著牛奶，整晚的興致被破壞殆盡。

　　「你們的下一場派對到了，」巴士司機嚷嚷，他推開車門，「主辦人是創造下一代區塊鏈科技公司的 Pillar VC 公司！」尋歡作樂的群眾湧出巴士，一股腦兒擠進夜店。我和彼得跟了上去，但有樣東西阻止了我往前。

　　「我等一下再進去。」我對彼得說，示意他先進門。我在派對外瞥見一個正隨性和另一名投資人閒聊的老朋友。

　　「馬丁？」我一邊趨前，一邊小心翼翼打斷他們的對話。

　　「約翰！」他似乎很開心見到我。一頭蓬髮在微風中輕輕搖曳，彷彿在對我揮手打招呼。

　　我向他的同伴自我介紹，又是一個波士頓科技業的天使投資客。「馬丁，那我下週給你電話，」他說，然後從泊車小弟手裡接過鑰匙。「很開心認識你，約翰。」他爬進他的特斯拉汽車，揚長而去。

　　「這是你的車？」馬丁拱起眉毛，他的頭朝張貼《比特幣市場日報》標誌紋章的巴士點了一下。

　　「別人往左時，你就往右。」我微笑。

　　「區塊鏈正夯，」他說，「就我看來，比較類似別人往左

時，你也跟著往左。」他的蓬髮上下躍動，彷彿點頭贊成。

「馬丁，我正在轉型的路上，這可是你的忠告。『曲棍球棒成長曲線』，記得嗎？」我兩手比出引號動作，引用他曾說過的話。「帶你走到今日的，不會帶你前進明日。」

「聽起來確實很像我說的話。」他招了。

「而且馬丁，我找到了！」我呼喊，也許是牛奶喝多了。「我越來越上手了。」

「你『找到』什麼？」他的手指隨著每一個字輕點強調。「開巴士嗎？」

「不，是……」我有點難解釋。「讓區塊鏈變得有趣，易懂、易於使用、易於投資。」

「有賺頭嗎？」

「賺頭就跟消防水管一樣勢不可擋，」我自信滿滿回他，「我從沒見過像這樣的東西。」

「今天比特幣的價格多少？」

「大約 8,800 美元。」

馬丁吹了聲口哨。「從 2 萬一路跌至 8,800 美元，才過多久？4 個月嗎？」

「這很像雲霄飛車，」我坦承。「高漲的時候很高，低潮的時候也很低。」

「而你還是不覺得這只是粉紅泡泡？」

「區塊鏈就是未來，我拿自己的公司賭上了。」

他對我投以別有深意的眼光：「這也是我最擔心的。」

# 區塊鏈就是未來，不可忽視

讓我們重點整理一下本篇，準備搭上 Part 3 的雲霄飛車。

- **未來不可預測**。跟所有新興科技一樣，區塊鏈的未來方向也沒人可以確定。（當初有誰看見網際網路時，能預料到網飛？）
- **重新定位產業**。儘管如此，區塊鏈很可能重寫許多產業的規定：
  - **金融**：變得更容易收受匯款。
  - **供應鏈**：更能有效追蹤原物料和存貨。
  - **法律**：以軟體打造的智能合約取代傳統合約。
  - **保險**：透過完善的風險評估提供客戶更優質利率。
  - **房地產**：創造共享產權的全新架構。
  - **能源**：打造區塊鏈的能源買賣市場。
  - **網際網路**：讓我們的智能裝置能夠彼此公開交流。
  - **保健**：共享醫學研究和健康情報。
  - **政府**：改變投票方式。
  - **財經**：改變民眾的投資方式。

- **智能股票**。區塊鏈正在製造功能類似傳統股票的代幣，藉此改善投資和募資界，只是手法更為聰穎。

- **嶄新金融工具**。區塊鏈讓我們能投資任何具有價值的事物（例如「鮑伊債券」讓我們投資大衛・鮑伊的創作歌單）。

- **事前做足功課**。與其誤信謠言或衝動投資，請善加利用區塊鏈投資人計分卡等工具，進行評分和審視全新的區塊鏈投資（見「參考指南二」）。

- **區塊鏈是 3 個 D**。去中心化（decentralized）、分散式（distributed）、民主的（democratic）。跟網際網路一樣，沒人「擁有」區塊鏈，卻人人都是主人。要當心控管嚴密的私人區塊鏈，問自己這個問題：「為何是私人控管？」

- **木塊與鏈條**。別輕易接受聽不懂的區塊鏈歪理。反覆提問，直到你能以簡單圖表畫出來為止。

- **建立信任感**。所有貨幣都是建立在信任的基礎上。信任感需要時間培養。

Part 3

# 市場劇烈震盪，
# 同時蘊藏投資機會

# 第 21 章

# 市場永遠情緒化，但終究會成長

　　不收費去國際扶輪社演講也就算了，最可怕的是我居然遭到嚴刑拷問。

　　演講邀約郵件已經滿溢出收件匣，可是我來者不拒。我不斷寫出新素材，也很歡迎不同的練習機會。我會錄下我的演講，事後重播觀看，修修補補。套句喜劇界的行話，我努力集結出「10 分鐘精華笑點」。

　　而今天，就跟單口相聲一樣，我遇到質疑拷問我的人。

　　「你覺得區塊鏈能夠取代宗教？」一個坐在前排桌子、灰髮蒼蒼的先生問我。我正在鱈魚角一間義大利餐廳的活動會議廳，對著約莫 30 名扶輪社員演講。原本氣氛輕鬆愉快，直到他中斷我為止。

　　「也許我話說得不夠清楚，」我回道，發現我遇到麻煩了。我指向標題為「中心化與去中心化」的投影螢幕。「我是說人類建造的制度多半屬於中心化，好比政府、公司、教會。」

　　「你先前明明有說天主教會。」他反擊。

「我確實有說過天主教會。」我回道，當下只恨沒有時光機。

「人類需要中心化制度，」他振振有詞，「政府、公司、信仰……你以為這些東西我們可以說丟就丟？你這樣叫作無政府狀態。」

「但要是記錄在去中心式帳本就不是……」我開口。

「那又是什麼意思？」他情緒真的很激動。「我兒子以 1 萬 5 千美元買下比特幣，現在的價值只剩一半！你知道他損失多少錢嗎？」

「價格是會上下浮動沒錯，」我表示認同。「就跟這間活動會議室的氣氛一樣。」我發出幾聲緊張輕笑。

「聽著，我不想打岔，」他打岔了，「但你自己有買比特幣嗎？」

「我有買。」

「所以你是在推銷自己的投資囉！你做出錯誤的決定，現在應該自食惡果，而不是拉大家下水，跟著你一起吞敗果。」

他的話真的很傷人。我開始注意到「區塊鏈傳教士」的次文化，也就是一群跟我很類似的人不惜自掏腰包、前往世界各地，為的就是宣傳區塊鏈的美好。我們真的是預言家嗎？抑或只是宣傳人員？

「首先，我本身也是基督徒，」我說，這句話嚇歪在場所有人。「我相信教會，我們需要制度，才能協助人類建立社群、創造更高價值、幫我們變成更好的人……」

「我無意打岔，可是我今天來是為了聽區塊鏈的演講，了解為何我兒子要買這玩意兒，你現在卻講起宗教。」

我的平行視線越過質問我的老人，看見他背後牆上掛著扶輪社主張：

**扶輪社測試自我思考言行的四大方法**

1. 是否屬實？
2. 是否對所有相關人士公平？
3. 是否帶來善意、促進友誼？
4. 是否對所有相關人士有益？[38]

「比特幣為何會貶值？」我又往前翻了幾頁投影片。「問得好。是介紹我們的朋友『中二病弟弟』的時候了。」

 **市場先生的青春期**

2018 年初，人們以 2 萬美元的價格買賣比特幣。

2018 年 6 月，短短 6 個月，比特幣的價格跌至僅剩 7 千美元。

猜猜怎麼樣？這可是同樣的比特幣。

什麼都沒有變。若真要說，更多投資和情報湧入區塊鏈產業，所以照理說整體市場應該增值才是。

傳奇投資人物班傑明‧葛拉漢（Benjamin Graham）曾為此現象發明一個幽默比喻，我在此更新一下版本。想像一下市場是

一個名叫中二病弟弟、內分泌失調的青少年。有的時候，中二病弟弟站在世界的制高點：「你給我 1 枚比特幣，我給你 2 萬美元！」他大喊。「我剛才邀請珍妮參加畢業舞會，她答應我了！比特幣 2 萬美元！爽啦！」

其他時候，中二病弟弟心情盪到谷底。「珍妮放我鴿子，」他說，像灘爛泥般倒在你的沙發上，渾身散發著激浪汽水（Mountain Dew）和玉米片的味道：「比特幣就賣你 7 千美元吧。」接著崩潰大哭。

葛拉漢教導聰明投資人別去理會這一類情緒，我們可以冷靜觀望中二病弟弟發揮他起伏不定的青少年情緒，明天他又會帶著新價格回來，後天亦然。我們不必接受他今日提供的價格，應該耐著性子等候。

中二病弟弟的前額葉皮質尚未發育完成，有時他提出的價格也完全不合理。價格低得不合理時，我們買入；高得不合理時，我們賣出。

「我無意打岔，可是我已經認識市場先生了，」我的扶輪社死對頭發表言論，「這跟區塊鏈又有什麼關係？」

「我快說到重點了。」我點開下一張投影片。

在區塊鏈的世界，中二病弟弟的中二病更嚴重了。高漲時飛上天，低潮時就是世界末日。但何謂高？何謂低？這就要考驗投資人了，經過嚴謹的研究和分析，他們的判斷必須能駕馭中二病小子的情緒。

為了擊敗市場，你有時就得跟市場作對。這是常識，別人往左時，你就往右。別人往右時，你就往左。你必須對市場的情緒動盪視而不見。

當價格瘋狂飆漲至將近 2 萬美元時，說服自己購買比特幣很容易。可是當價格跌落並長期維持在 7 千美元時，就很難說服自己了。這就是班傑明·葛拉漢教我們的一課：聰明投資人有發現好價格的慧眼，並在它們風行前買下。

尋覓價格實惠的區塊鏈投資。

我無法告訴你價值 7 千或 2 千、200 美元的比特幣，哪個才是好價格，比特幣還太新，現在無法判斷。但可以告訴你的是，7 千美元的比特幣一樣是價值 2 萬美元的比特幣，只是被貼了 1 張 35 折的紅色標籤，擺上貨架。

最後，我們會讓中二病弟弟服藥，區塊鏈市場最終會成長，可是市場永遠情緒化，畢竟這就是市場的本質。

身為區塊鏈投資客，請秉持耐心，做足功課，謹慎分析之後，當你發現市場低估了某個代幣，就勇敢去買吧。這跟市場未來走向恰巧相反，財富也是這樣來的。

「我實在無意打岔，」我的拷問官嘲諷地說，「可是區塊鏈又不是公司。它們沒有收益、經費、主管，也沒有像工廠或商品的實質資產。它們根本不具備可以讓你評估公司股票的傳統度量標準。」

「或許區塊鏈比較類似貴金屬，」另一名扶輪社員插話，是一位坐在後面、身材魁梧的男士，「就像投資黃金。」

「或是商品，」一個衣著講究的女士說，「再不然就是外幣。」

「以上觀點各有千秋，」我回道，「但最有幫助的做法是把區塊鏈想成一種特殊的資產類別，它是一種新發明。」

我停頓，等待誰來打岔，總算沒人有意見。

「價值投資人看的是公司數字，公司盈收、債務水準、資產淨值等，並依此決定股票是否價格過高抑或『實惠可買』。這些衡量標準測量一間公司的健康，就像醫生測量你的生命徵象。」

「區塊鏈是截然不同的生物，也許我們還是可以測量它的體溫和心率，但我們需要的也許是全新的生命徵象，需要全新數字。」

我看著我帶來的那疊區塊鏈投資人計分卡。「這些都是定性數字，」我高舉起計分卡，說，「而我們需要的是定量數字。這些都只是主觀意見，我們真正需要的是客觀事實。醫師的意見對未來的健康固然重要，可是生命徵象會客觀告訴我們當前的健康狀態。」

會議室內老年人為數不少，也許醫師的比喻可以讓我們重回演講正軌。

「就像你們扶輪社的主張。」我帶著麥克風走到會議室後方。「是否為真？是否公平？是否帶來善意？是否有益？這些都是我們想從聰明投資中找到的答案。」我頓了頓。「我們需要全新的評估數字。」

「有例子嗎？」我的死敵繼續雞蛋裡挑骨頭。

「我知道，你無意打岔，」我說，總算引來一陣笑聲。

「你說我們需要全新的評估數字，」他回道，保持不苟言笑。「何謂全新數字？」

「我們還在努力尋找。」

我們當時還在努力尋找。我們迫切想要找到辦法，為區塊鏈決定價值，找出一項能夠判定區塊鏈的規則。

可是與此同時，我們資金短缺，市場則變得越來越情緒化。

# 第 22 章

# 區塊鏈也能讓選舉機制更透明

「現場直播倒數，5⋯⋯4⋯⋯3⋯⋯」羅伯停下來，手指向我。

「歡迎來到《比特幣市場日報》的網路首播！」我歡快喊道，攝影棚的炙熱光線讓我差點睜不開雙眼。雖然感覺像在對一台筆電演講，但其實我知道有大批觀眾正在收看我們的節目首播。

「今天我們請來一個特別嘉賓，也就是發想出在區塊鏈上投票的 Voatz 創辦人兼首席執行長，尼密特·薩尼先生（Nimit Sawhney）！」鏡頭外，羅伯和溫蒂在他們的筆電後方鼓掌。

我們現場的投資人會議規模迅速壯大，如今只剩下站票空間。由於我和班奈狄特之間的關係持續緊繃，於是我們決定改成線上網路研討會的形式，更容易準備，也更能夠吸引大批觀眾。全球播放！

「尼密特，」我率先提問，「我讀資料時發現你是 80 年代在印度長大的孩子，當時印度總理遭到暗殺，在這樣的政治氛圍下，你曾看見有人被槍抵著強逼投票，這畫面讓你一輩子

都忘不了，請問你是怎麼從這種背景走到區塊鏈投票平台？」[39]

　　尼密特是個滿臉落腮鬍的高姚企業家、態度謙卑的科技天才。「2014 年，我和我哥首次認識到區塊鏈。」他說話輕聲細語，我得豎起耳朵才聽得見他的聲音。「我們研究底層技術時，心想：『哇，這真的超強，你可以安全存放各種數位資料。』應該很適合用於選舉和儲存投票資料。」

　　我偷瞥了一眼螢幕，發現尼密特硬生生高出我好幾公分，我簡直像是侏儒。我們為何站著？現場為什麼沒有麥克風？

　　「我們突發奇想，」尼密特繼續說，「動身前往德州奧斯汀的西南偏南互動式媒體節（South by Southwest）。有天正在下雨，我們走進大型會議室時，室內正在進行駭客節，而這一切完全不在計畫之中。」

　　「所以我們就專注於一種特殊狀況的案例，建立一個區塊鏈原型：投票人在家投票時，該如何偵測並預防他們遭受脅迫。後來我們的發明贏得首獎，於是我們展開自己的公司。自那時起，公司日漸茁壯，成長為使用智慧型手機和生物辨識系統的成熟選舉平台，並且運用區塊鏈記錄選票。」

　　「而且還用在真正的選舉上，」我特別指出，「你們在 30 場測試選舉中統計超過 7 萬 5 千張選票。」我望向攝影機，對觀眾說話：「如果你們是區塊鏈的新手，請容我解釋一下區塊鏈投票系統的運作模式。」

## 透明化選舉

　　想像一個每張票都記在區塊鏈的民主政體（就暫且稱之為選民鏈吧）。你只需要打開手機的選民鏈應用程式，驗證身分就能投票。這是匿名投票（我看不見你投票的內容），但你投出的票卻可進行審查（我看得見選民的總投票內容）。

　　意思是如今第三方能夠審計區塊鏈結果，自己統計票數。投票不就應該是這樣嗎？選民鏈提供你核對與結算的平台：一個人民擁有、專為人民打造的人民投票系統。

　　思想新潮的政府會打造開源區塊鏈系統，每張選票都是公開透明。但要是你不住在思想新潮的國家，最極端的想法就是：你不需要政府許可，就能實現這套系統。

　　想像一下，選舉日當天，要是公民利用選民鏈同步舉辦一場選舉，當天共有兩場選舉，一場官方不透明，另一場非官方而透明，請問這兩場選舉結果會相同嗎？

　　選舉舞弊已經不是新鮮事。2016 年，剛果民主共和國的總統選舉期間，政府切斷網際網路和手機服務，嚴禁使用汽車。[40] 想像一下，要是不久後選民能用選民鏈表明自己投票的結果，他們會發現什麼？

　　在委內瑞拉，對總統馬杜洛（Nicolas Maduro）帶領感到灰心喪志的國民，舉行了大規模示威遊行，要求他下台，這場 2017 年的抗議最後導致 90 人死亡。[41] 想像一下，要是選民鏈讓世界各地可以看見委內瑞拉人民真正的想法，他們會發現什麼？

　　諸如選民鏈的計畫必須公平代表所有政黨、所有人民，而只要提供中心化選舉一種去中心化的方案，該方法就能真正道出人民的意志。

> 貪汙腐敗的政府是不太可能落實這套系統，但我們倒也不需要他們首肯。我們可以選擇不接受他們的兩黨制、他們有毒的政治謊言。人們可以回應比政府更高的使命：我們可以回應我們內心的良知。

「可能嗎？」我問。「你可以在區塊鏈上同步舉行一場選舉？」

「是可能的，但我們強烈鼓勵所有政治立場加入。」尼密特回覆，感覺得出他謹慎挑選用詞。「人們在南美洲已經試驗過這個構想，不過很快就變得偏頗，反而與你努力追求的高尚目標背道而馳。讓所有賭金保管人參與，連選舉官員都不能漏。」

我明白尼密特創建的科技本質屬於政治取向，像是 Voatz 的平台必須讓選舉官員參與才能成功。他們的做法是小型測驗：郵寄式投票、城鎮投票、公民議題投票，讓投票暢行無阻、人民習慣以手機應用程式投票，區塊鏈就成功了。

這是演進，不是革命。

問題是，我現在就想看見這一天降臨。我們都想！幾百萬人民很快就會看見這支影片，我想像他們湧入華盛頓特區，上街遊行，踏進國會廣場，在卡拉卡斯、哈拉雷、平壤高舉起手，齊聲吶喊：「人民最大！人民最大！人民最大！」

「真的很啟發人心，」幾分鐘後，我在匯報上對團隊人員說。尼密特剛離開大樓，我依舊感到激昂亢奮。「羅伯，今天的觀看人次是多少？」

「這個嘛，」羅伯從他的筆電後方回答，「最高峰時期，我們有將近 25 個觀眾。」

我臉上的笑容凝結。「其中有多少是媒體風暴的員工？」

「大約一半。」

我不可思議地眨眼：「可是登記參加這場網路研討會的人不是很多嗎？」

「比特幣的價格大約落在 7 千美元，」在我們家庭辦公室的潔德指出，「這對收視多少造成影響。」

「所以整個區塊鏈市場全要看比特幣售價？」

「也許互相牽動影響吧，」她指出，「就像股市。」

攝影機的燈光仍在閃爍，我關掉燈，一時錯愕到說不出話。就在這時，班奈狄特敲了敲會議室的門。「可以借一步說話嗎？」他問。

我跟著他步出走廊，他對我展露一貫的陽光笑容。「嘿，我必須請你們移走所有錄影設備。」

「我們已經訂了會議室。」我惱怒地回道。

「我曉得，但在沒有許可的情況下你們不能在大樓內錄影，應該先提出申請。」

我咬牙切齒：「下次我們會提出申請。」

「沒有下一次了，」他微笑道，「錄影到此為止。」

「班奈狄特，」我深呼吸，「你這樣太不講道理了。」

「木已成舟，沒有轉圜餘地。」他說，「麻煩你們快點收拾。」

短短不到 1 個鐘頭，我們從演進跌至吃閉門羹的慘狀。我深受挫折地走進會議室，「這場革命不會在電視播放了，」我告訴團隊人員，「收拾器材吧。」

演進，還是革命？這個沉重的問題壓在我心頭，因為明天我要跟美國政府開會。

# 第 23 章

# 讓人人都能聰明投資，
# 非有錢人專屬

　　政府會議室內，清一色的褐色：牆面、桌椅、櫥櫃，全都是褐色。就連跟我們握手的政府官員穿的西裝都是褐色。

　　我們越來越常受到邀約，向政府委員會、參選政治家，甚至是他國使者演講。他們很滿意聽見我們簡單解說區塊鏈的方式，畢竟他們需要知道怎麼進行區塊鏈。

　　但今天的場合不得了，我們要跟監管人員會談！要是和美國證券交易委員會會長會面就像一般民眾晉見教宗，那這就像是跟樞機主教碰面。

　　我們繞著會議桌坐下，我注意到政府官員坐一側，我們坐在另一側，我思考著科技新創文化跟監管者的不同之處。角落擺著一壺冰水，換作是 TechLab，角落擺的就是波蘭能量飲料。

　　「歡迎，」主持會議的政府官員對我們這群為數不多的區塊鏈領導人說，「我們為了學習、了解，舉行今天這場會議，目的是蒐集情報，了解區塊鏈環境的進展。我們事前已說過，會請每個人都發表幾句話，誰想先開始？」

　　「我先。」我主動提議，沒人露出詫異表情。

「太好了。」主持人說,「你要報告嗎?有帶講義來?」

「什麼講義?」我愛說笑。空氣一片凝結。

彼得救了我一命。「我們有準備講義。」他說,並開始在會議桌上傳發影印講義。

「我真的覺得監管人員很不容易,」我說,「你們負責為全新的區塊鏈投資制定新法規,不然就是詮釋現有法規,但管制新發明不容易。」

我在筆電螢幕上打開一張世界地圖。「如果法規制定太快,就可能壓抑創新,大型區塊鏈計畫就會移向海外,其實這狀況已經發生。瑞士、馬爾他、直布羅陀都是努力轉型為區塊鏈友善的國家。」

「但另一方面來說,要是你們制定法規的速度太慢,投資人就得冒著玉石俱焚的風險。」說到這裡,我換了一張經濟大蕭條的投影片。「為了因應龐大股市崩盤,1933 年證券法誕生,當時成千上萬名普通投資客總共損失數 10 億美元。」

「1933 年證券法唯一的問題,」我繼續說,「就是在 1933 年制定的。」我微笑。沒人有任何反應。

「嗯,其實法案是在 1933 年通過的,」其中一名正府關員說。「制定比那更早。」

「謝謝,我想說的是這個法案需要與時並進,我們必須重新改寫證券法。」

「你有提案嗎?」資深官員問。

「我們整年都在和區塊鏈投資人開會。無庸置疑,投資人

把這些代幣當作證券，很類似股票，人人都以為自己可以買低賣高，偏偏卻買高」說到這裡，我讓大家看一張近期替代幣市場的圖表，「賣低，這是因為他們毫無頭緒，根本不知道自己在做什麼。」

我點開一張牧羊圖。「過去這一年，」我告訴他們，「我很像傳教士，向投資人傳授區塊鏈知識，人們的表現有如羊群，這點讓我非常喪氣，所有人都是。我們只會盲目跟風，市場上漲，人人都想買。市場低迷，人人都想賣，十足的盲從。」

咯噠。我又換了張有著一堆重疊閃電圖案的圖片。「但如果想要擊敗市場，你的賭注就得與市場走勢相反。大家都往左時，你就要往右，這時候你需要獨立思考。」

我啜了一口水，意外地冰涼沁脾。這些傢伙真懂水。

「可是投資人並未受過相關教育，要怎麼獨立思考？這難道不也是經濟大蕭條背後的問題嗎：投資人將畢生積蓄投入他們根本毫無概念的嶄新股市？」

「經濟大蕭條背後的成因有很多，」年輕官員插話。「證券經紀人過度負債、經濟整體衰退……」

「感謝你的補充。」我打斷他。「重點是，我們該怎麼給予投資人更好的教育？」我點開一張寫著「投資人教育」的投影片。「今天我們想要投資的話，就需要投資人認可，不過我想推廣制定投資客教育法。以下是方法。」

# 「投資者教育」與「投資人認可」

為了預防普通投資人高風險投資賭上畢生積蓄，1933 年證券法創立合格投資人的特殊階級。為了符合資格，現在你至少必須擁有 100 萬美元淨值（房屋不算數），或至少 20 萬美元的年收入。

換句話說，就是要有錢。

目前全球通用的傳統觀念是，合格投資人知道自己在做什麼，他們負擔得起較高風險的投資：畢竟他們有錢嘛！可是換作資訊發達的今天，不也是人人都知道自己都在做什麼？

由於區塊鏈投資新穎，核心問題就在於：政府是否允許這類投資只能賣給合格投資人？區塊鏈是專給富人的投資，抑或人人皆可參與？

## 投資人認可

在美國和其他國家，某些投資只開放給「合格投資人」（例如有錢人）。

我們提出以投資人證照取代這種制度，課程訓練加上考試，人人都能成為投資人。

白話解釋
ABC

2017 年 ～ 2018 年間，區塊鏈代幣的浪潮趨緩，畢竟沒人想為大家創造出區塊鏈代幣，卻被告知這種投資屬於高風險，只有合格投資人可以買吧？比特幣價格下滑，市場遭遇寒流，趨緩浪潮逐漸結凍。

對我們而言，眼前的道路很清楚明顯，把投資人認可改成投資者證照。先完成一系列投資課程，通過考試，你就成為合格投資人。我們不也是

這樣發放汽車駕照的嗎？當然相比之下，汽車駕照更危險，畢竟人命關天！

　　還有一種詭異的雙重標準：不分晝夜，不需要證照，任誰都能隨便走進一間賭場，然後賭光孩子的大學資金。你不需要經過認可就能玩樂透彩券、買刮刮卡，照這樣說來，賭博是否也僅限合格投資人？

　　如果政府想要保護公民，不要沒頭沒腦胡亂投資，那解決方法很簡單：把他們變得聰明靈光不就得了。

　　「我們要求經紀人、商人、理財顧問提供執照，」我做了最後結論，「需要經過課程訓練、取得證照。何不也為投資者提供這些，把投資人認可變成投資人證照，這樣就能平衡投資市場，人人都可參與。」

　　我點開 1 張圖庫照片，1 個抗議者高舉一張寫著「我們是那 99％」的牌子。「這讓投資市場從 1％ 擴增至 99％，開啟了99％的經濟利益，對整體經濟有益，對人人有益。」

　　「這就是人人皆可享受的區塊鏈。」我做完結論後坐下。

　　結尾強而有力。換作是平常，這會是掌聲如雷的場面，然而今天回應我的卻只有沉默。角落，有人倒了一杯沁涼冰水。

　　「你是在為 TED 演講彩排嗎？」幾個鐘頭之後，彼得嘲笑我。

　　「我以為你準備把奉獻盤傳下去呢，」潔德邊喝咖啡邊補

充，「我們還蠻需要的。」

我們正坐在 TechLab 的開放工作空間，檢討這天工作內容，身旁人來人往，許多區塊鏈研發師和企業家走來走去。

「他們很聰明，」這是我的觀察，他們安靜聽我們說，卻沒人急著採取行動。與此同時，我們沒有慢下來的空間。彼得，最近我們有哪些銷售管道？」

「很多人詢問，」彼得坦白，「可是沒有實際進展。來信不少，可是我整整半天都在剔除專門胡鬧的老粗。」

「我們的波蘭能量飲料怎麼了？」我問潔德。

「合約卡在他們的財務長巴托茲那關。」

我嘆氣。「然後今早我們又損失一名老客戶。秀英那裡進度如何？」

「還在等付款。」

我盡可能抑制恐慌感受。「舊事業就好像我們正在駕駛的一架飛機，同時我們又努力想要組裝一台新飛機，也就是區塊鏈事業。」我伸出兩手，掌心朝下，示意兩架並肩飛行的飛機，其中一架很快升高又下降。

「我只怕我們太貪心，」潔德平鋪直述地說，「一次跨足兩個事業、兩個網站、兩組團隊……開銷不小啊。」

「我再問一下收入模型。」就連彼得平日的幽默感都消失殆盡。「今天的會議是不錯，但是錢呢？」

「我不知道，」我坦白說。「不過如果我們能影響政策、幫助改造財經市場，不也挺值得的？」

　　「我的工作是販售，」彼得回答，他透過鏡片凝望我。「我知道我們正在駕駛一架飛機，同時組建另一架，可是這架飛機已經在下降。」

　　對此，我難得無言以對。

# 第 24 章

# 帶動生態圈商機，蘊藏潛在投資

「今晚不玩撲克牌，」科克宣布，在綠色天鵝絨桌布上擺出桌遊。「我們來玩淘金者。」

「約翰應該是高手。」阿班對我露出似笑非笑的笑容。

「我需要溫習一下遊戲規則。」伊凡把牌放在桌上說道。

「圈劃土地為己有，」科克解釋，將那疊紙牌卡一張張掀開。「其中一些土地價值連城，其他就」，他翻過另一張紙牌「只有愚人金。」

「你們知道嗎？在加州淘金熱年代，大多人都不是靠挖到黃金致富？」伊凡開始說故事。「他們把鋤頭和鏟子以高度通貨膨脹的價格賣給淘金客致富。你只需要在淘金客出沒的地點附近開一家雜貨店，以 10 倍以上的價格出售淘金設備。」

## 挖礦

比特幣（和某些替代幣）都是挖礦而來的，或靠電腦解出數學題製造而成。換句話說，為該網路貢獻一己之力的「挖礦者」會收到代幣當酬勞。

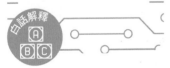

「就像是比特幣的挖礦嗎？」阿班問。「挖礦本身並不會致富，提供挖礦者服務才會。」

「喲，瞧瞧誰對比特幣上癮了！」我大呼小叫。

「所以你加入比特幣網路、貢獻出你的電腦，回收少許比特幣當酬勞，」科克釐清，「那為什麼這樣賺不了錢？看來只能繳電費。」

「競爭啊，」嘴裡咀嚼玉米片的阿班回答，「跟淘金熱很像。」

「再說比特幣內建的金額有限，」伊凡解釋，「中本聰當初的程式設定，就是讓比特幣變得越來越難挖，只會變得更貴，會耗不少電。」

我詫異瞪著我這幾個朋友：「你們是從哪裡學到這些知識的？」

阿班聳聳肩：「你知道，網際網路啊。」

「所以價值投資人現在都想了解區塊鏈？」我問他。「我們將你從巴菲特那裡挖角到比特幣界了嗎？」

「還沒挖角成功，只是在考慮。」他喝了一口啤酒。「但我覺得區塊鏈投資應該有更簡單的方法。」

「像是什麼？」

「鋤頭和鏟子。」

## 鋤頭和鏟子

1849 年，加州陷入一陣狂熱。[42]

一切都始於前一年，有位名叫詹姆斯·馬歇爾（James W. Marshall）的木匠在靠近現今沙加緬度的美國河（American River）岸邊，建造一間鋸木廠。有天，他正在鋸木廠下方查看渠道時，某個閃閃發光的亮片引起他的注意。

他拾起其中幾片，左右端詳。他對礦物略知一二，所以並不懷疑自己發現了什麼。他壓緊金片，發現金片可以任意塑形，於是撈起一整把黃金，走向正在製作磨輪的木匠夥伴。

「我發現這個。」馬歇爾說。

「那是什麼？」他的同事問。

「黃金啊！」[43]

於是加州淘金熱就此拉開序幕，這陣今日讓人難以理解的集體狂熱。世界各地共超過 30 萬人潮湧入加州，「黃金熱」讓他們失去理智，拋家棄子，變賣畢生積蓄，不惜冒著失去一切的風險都要來。

光是舟車勞頓的旅途就困難重重：3 千 2 百公里的路上，有蓬大馬車內病痛纏身、土匪猖獗、動物被丟在路上等死、臭氣薰天不散（你可能已經死於痢疾）。

搭船前往也沒有比較輕鬆愜意：從東岸航海 6 個月的遠征途中，多次停經疾病肆虐的國度，飢餓口渴更是家常便飯。等到他們抵達加州，許多水手棄船，港口停滿了棄置不用的小船。

要是你活著抵達加州，就會發現當地早已人滿為患，遭遇極為惡劣的生活環境和驚人物價。想要買個帳篷或基本的採礦工

具，價格都是家鄉的 10 倍以上。許多人都只能裹著毛毯在樹下
入眠。

　　更慘的是，容易淘採的黃金早已掏空。如果哪片河床前途無
量，可能蘊藏黃金，也已擠滿掏金客，每一小片黃金都早被採個
精光。這時你會發現淘金客開始拿出更專業的設備，例如吊架和
洗礦槽。有的人甚至以水力採礦的方式試驗。

　　有些人並非靠出售「鋤頭和鏟子」致富，這只是其中一小部
分的人。應該說淘金熱創造無限商機，價值遠遠超過黃金本身。

　　不少企業家單單靠開創服務業就成功致富。淘金客需要剪
頭髮、看醫生、幫忙納稅的會計師。他們需要雜貨店、髮廊、妓
院，也需要勞工服務：金屬製造工人、木匠、鐵匠。

　　淘金熱亦帶動鐵路股票的熱潮。投資人眼見淘金客需要將熱
騰騰的財富送至紐約，最後掀起第二波黃金熱浪潮，這次是鐵路
公司。

　　若說「鋤頭和鏟子」是唯一兩種賺錢商機，等於錯失了更宏
觀的要點：事實上有 1 千種潛在投資，淘金熱為商機帶動了全面
的生態圈。

　　淘金熱跟區塊鏈潮極其相似。跟「49 人」<sup>*</sup>的淘金熱一樣，
比特幣也是要「挖礦」取得，差別在於比特幣是以高級電腦執行
極為複雜的電腦運算挖礦。早期，你可以在自家電腦「挖」比特
幣，現在卻需要仰賴龐大的伺服器農場。

　　你在區塊鏈世界遇見的角色讓我想起早年的淘金客：野心勃
勃的企業家，個個都跟嘉年華會的人物般色彩鮮明。專攻區塊鏈
的公司估價約是你預期付出價格的 10 倍。

---

*　1949 年前往加州淘金的人，故稱為「49 人」（Forty-Niners）。

意思是說很多區塊鏈投資不需要買比特幣或替代幣,而這些公開交易的傳統公司都是從區塊鏈商機中受益,也就是現代淘金熱的「鋤頭和鏟子」。以下就是幾種投資構想。

**挖礦設備:專業硬體公司。**早期的淘金客使用簡單的選礦鍋淘洗河床裡的石頭淤泥,希望藉此找到藏不住的金塊。接下來諸如黃金吊架的發明物問世,這種設備能一把撈起大量河床泥巴,「搖晃」掉碎片、找到黃金。

同理,比特幣也曾使用一般桌上型電腦「挖礦」,但現在有專門為配合數學運算速度而生的電腦,也稱作「挖礦機」,這種電腦具備高級的高速顯示卡(例如重度電競選手使用的顯示卡),主要從事高速運算。

試想一下,投資類似輝達(Nvidia)和超微半導體(AMD)等專攻顯示卡和晶片的公司,再想像一下專門製造特殊應用體積電路(簡稱 ASIC)的公司,也就是專門因應比特幣挖礦需求而生的處理器。台灣半導體和三星是兩大專為區塊鏈製造 ASIC 的龍頭公司(還有個好處:ASIC 也可應用於人工智慧)。

**基礎建設:把賭注押在區塊鏈的科技公司。**跟大多金融革命一樣,加州淘金熱的領導人都是不喜歡輸的企業家和充滿雄心壯志的投機人,絕對不是作風保守的大公司。儘管如此,發現改革近在眼前的老派公司也能從中受益。

其中一些當今的大型科技公司都看出區塊鏈的潛能。例如 IBM 就成為超級帳本的領頭羊。超級帳本是一種開源區塊鏈計畫,目前已引起其他知名科技公司的關注,例如:思科系統(Cisco)、富士通、日立、日本電氣(NEC)、威睿(VMware)。

　　請鎖定打造真實區塊鏈部門、為該生態做出實質貢獻的公司，而不是那些只會空談區塊鏈科技的公司。雖然區塊鏈很可能破壞他們的核心產業，早期研發卻可能幫他們重新尋得出路。

　　**專家：區塊鏈顧問公司。**黃金的浩瀚經絡深陷於懸崖表面和石柱上。專業工程師發展出水力挖礦、抑或以高壓水炸碎岩石的方法。你最好相信這些人不便宜好請。

　　現在，尋找優質區塊鏈研發人員就像尋找好巫師：區塊鏈程式設計是極少數人懂的黑藝術。大多學校尚未提供課程，具備技能和區塊鏈經驗的研發人員可以主動報價，並且選擇自己有興趣的案件合作。

　　同理，優秀的區塊鏈顧問也是稀有動物，這可是天大的好機會，保險公司乃至煉油廠，人人都試著找出自己的區塊鏈策略，而他們卻對區塊鏈科技一竅不通。

　　埃森哲（Accenture）等傳統管理諮詢公司和印孚瑟斯（Infosys）等研發公司可以從區塊鏈專業知識的需求獲得好處，未來還會有更多專業公司挑戰他們。

　　**智慧財產：也就是擁有區塊鏈專利的公司。**要是木匠詹姆斯・馬歇爾不公開他的發現會怎樣？要是他不告訴任何人，偷偷利用午餐時間淘金呢？要是他更厲害，想到買下這塊地，然後在發現黃金的地點發放採礦執照呢？

　　Envision IP 智慧財產研究公司的報告指出，上市公司都急著申請自己的區塊鏈專利，[44] 而要是其他公司跟他們申請專利許可，這些區塊鏈專利的未來營收可能高達幾 10 億美元。

　　可以考慮投資擁有這類專利的公司，畢竟這些公司對於區塊鏈是認真的：領頭羊包括美國銀行（Bank of America）、IBM、

萬事達卡（Mastercard）、多倫多道明銀行（TD Bank）、埃森哲（請注意：谷歌、蘋果、微軟等大型科技公司目前還擠不進前10名）。

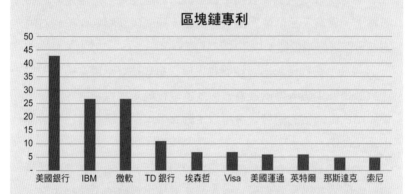

**區塊鏈專利**

**錢滾錢：金融服務公司。**為了提供融資、存款、現金兌換黃金等服務，有些企業家就是在淘金熱潮上開設銀行而致富。事實上，令人肅然起敬的富國銀行（Wells Fargo）就是在淘金熱中創業，而該公司現在亦跨足區塊鏈。[45]

上圖顯示其他大型金融機構是真的把區塊鏈當一回事。你也可以考慮較小規模的公司，像是付款處理業者 Square 就具有政府認可執照，可收受比特幣款項。

你或許甚至可以考慮 Overstock.com 等非傳統類型的折扣零售公司，他們是首間接受比特幣的網購公司，現在更逐漸把重心移往區塊鏈。未來的金融巨擘很可能跟當前南轅北轍。（當初又有誰預料到 PayPal？）

　　「這就是我週五在忙的事，」阿班下了結論。「每週利用一天研究可能為區塊鏈提供『鋤頭和鏟子』的公司。」

　　「我們到底還要不要玩？」科克問。他輕敲著他的助聽器。「我大概只聽見一半。」

　　「快點發那要命的牌卡吧！」我裝出老一代採礦人的口音嚷嚷。

　　「我同意。」阿班溫和地補上一句。

　　我停頓半晌，凝視著眼前的牌卡。幾張未知的牌卡正面朝下，存在於不確定的量子狀態，像是薛丁格的牌。當我翻過正面，無數條時間軸會交疊成一個現實，我則會看見我手裡的牌。

　　「你有什麼牌，老兄？」科克催促我。

　　阿班的方法有道理多了。為何要把淨值資產全綁在區塊鏈科技，這種目前依舊漏洞百出、不易使用的科技？為何不投資已經投資區塊鏈的公司就好？

　　我凝視著我手中仍然正面朝下的牌。我握著的究竟是一把黃金，抑或愚人金？

第 **25** 章

# 回饋優渥的構想，卻遭拒

這一天十分重要。倫敦金融城市長要大駕光臨 TechLab ！

世界最古老職位之一的倫敦金融城市長閣下是民選公職人員，他的身分能代表並推廣倫敦商家和市民。現在金融城市長將要和金融財經領袖代表團造訪我們的孵化器，學習關於區塊鏈的知識。

我們為了這個活動賣力準備，甚至組成波士頓最優秀聰穎的專題討論小組，我徹夜未眠準備我的演講稿。我正在 TechLab 的公共區域和團隊進行最後安排、外燴人員忙著把美食端上桌時，班奈狄特朝我走了過來。

「可以借一步說話嗎？」他問。

「我們今天一定要把會議室氣氛炒得熱鬧滾滾，」我站起身，指揮團隊人員。「記得請攝影師一有照片就立刻交給克里夫，上傳社群網站。」我轉過頭面對班奈狄特，他反常地不苟言笑。「今天大日子耶！」我嚷嚷，拍了下他的肩膀。

「我們把話說清楚。」他帶我走進一間小型會議室，我們拉開椅子，他的臉上依舊毫無笑容，情況不妙。

「你看起來很累。」他開口道。

「喔，多謝關心，」我露出淺淺微笑，「大家不都是一步步踏進棺材。」

「聽我說……」

「其實我很高興我們現在有機會談談，」我打岔。「因為我有個好主意。」

他表情略顯遲疑：「是嗎？」

「這間區塊鏈孵化器已經成為全波士頓的熱議話題，」我對他說，「上週矽谷和倫敦的 TechLab 辦公室聯絡我，說想要在他們那裡蓋區塊鏈中心。」

「我有聽說。」

「可是昨晚我想到一個更棒的點子，可以讓 TechLab 市值增加 2 倍。」我掏出 Moleskine 筆記本，「你知道我們使用 TechLab 信用點數對吧？」

「知道。」

「每個月支付會費，就能獲得在世界各地的 TechLab 預訂會議室和購買餐點的點數，這已經變成一種貨幣，我們早已擁有自己的貨幣！我的想法是，我們可以把 TechLab 信用點數用於區塊鏈，把它變成數位貨幣。」

我打開 Moleskine 筆記本。「我是凌晨 4：00 想到這個構想的，晚一點我會製作投影片，我們可以跟你們公司的首席執行長報告。」

##  回饋滿滿的構想

如果區塊鏈是一種能讓人分享價值的科技，那麼何不分享具有價值的點數？飛行常客里程數、咖啡集點卡、購物點數，這些都是「虛擬貨幣」，是商家為了鼓勵你死忠支持創造的微小經濟體制。

你的皮夾裡可能有一堆集點卡。咖啡點數：買9杯，第10杯免費。超市點數、加油點數、零售商店點數、信用卡點數。

要是我們換取這些點數呢？

想像一下，你嘗試用飛行常客里程數訂機票飯店，現在你共有4萬點，卻需要5萬點才能買機票，至於不足的1萬點，航空公司喊出誇張價格賣你，但要是你其實能在公開市場買到這1萬點呢？

更好的是，若這些點數可以相互交換呢？要是你可以1萬點超市點數換取1萬點飛行常客里程點數，會怎樣呢？

區塊鏈（我們暫且稱為回饋鏈）可以私下跟你「買下」1萬個超市點數，然後把它們轉換成一般代幣（在此稱為回饋幣），而你能使用回饋幣，購買機票所需的那1萬點。

可以想像成在外幣兌換窗口把美金換成英鎊。貨幣兌換公司實際上是「買入」美元，「賣出」英鎊，只是我們看不見這個過程，你看見的只是除去手續費、被換成英鎊的美元。

回饋鏈需要向公司補購，畢竟大多公司不允許顧客互換不同點數。可是回饋鏈的回饋高於風險：每間參與回饋鏈等去中心化市場的商家都會接觸到更多消費者，很像購物中心。

為了萬一，商家必須確實管理他們點數的兌換匯率，才不會送免費咖啡和機票送到虧本。是不簡單，但最早釐清方法的人能從中獲得豐沃回饋。

班奈狄特打斷我。「聽著，你確實是很有群眾魅力的講者，但今天是你在 TechLab 的最後一天。」

我全身大爆炸，震驚不已地望著他。

「我們不能合作了，」他繼續說，「不合拍。」

「不合拍。」我的嘴形無言嘟嚷著這幾個字。

「所以我們要求你的公司立刻就整理打包，我們會派警衛小組協助你搬走物品。」

「警衛，」我重複。「因為我們很危險。」

「他們會讓你使用警衛電梯，這件事我們私了處理。」

「警衛？你當真？」簡直令人不敢置信。我才剛在小巷中被人敲昏，襲擊我的嫌犯卻嫌不夠，繼續往我身上倒垃圾。

「至於我們提前終結合約，我已經獲得提出補償的許可。」他把 1 張授權協議書塞到我眼前，指向最底端的 1 個

數字。

我吞嚥口水。

「我們可以對外人說，我們決定各奔東西。」班奈狄特繼續說下去，同時遞給我一枝筆。

「等等，」我搖頭，「這到底是什麼情況？」

「聽著，」他嘆了口氣。「你總是帶來一大堆訪客、街道路標、遊戲錄影，每次都未經許可就擅自作主，把這裡當作自己的地盤。」

「拜託，我可幫你拉來一半租客。」

「這點我們很感謝，但這不是你的地盤。」

「我知道，我還付租金給你，記得嗎？」

「我們會按比例退回你每月會費……」

「等等。」我目光掃過法律術語，試著清晰思考。「這裡有保密條款，所以你想付我一筆錢，好讓我閉嘴？」

他臉色扭曲成一個鬼臉：「我不會這麼說。」

「你覺得當你未來回首過往，」我問他，「會不會驚覺這是你職業生涯最慘烈的一場錯誤？」

「我只需要你簽這份協議書」他把筆推向我，「然後我們就分道揚鑣。」

我望著他們提供的數字，是很誘人沒錯。「要是我不簽呢？」

他猶豫了。「你們還是得走。」

「你知道現在外面是什麼狀況嗎？」我激動地說，「再過

幾分鐘倫敦金融城市長就會抵達，他們要參觀區塊鏈模範，好展開屬於自己的區塊鏈孵化器。要是你想要接下區塊鏈演講，請自便。」

他緊咬著猶如雷射切割、兩排完美整齊的牙齒：「你今天結束後就給我滾蛋。」

「還有，」我把合約撕成兩半。「你不能用錢收買我。」

我回到私人辦公室，把自己關在裡面。我該怎麼告訴大家？接下來該何去何從？要怎麼重新站起來？這個我們用愛心打造、培養著小蛋的區塊鏈孵化器被急速冷凍，原因是班奈迪特拔掉了電線。

我抹去淚水，要自己抬頭挺胸，面對為時 2 個鐘頭的區塊鏈研討會，這將是我職業生涯最重要的一刻。「這是活著最美好的時刻。」排練這句充滿諷刺的開場白時，我的聲音忍不住哽咽。

# 第 26 章

# 讓小額付款有效隱形運作

　　接下來幾個月，我們成了對辦公樓大廳瞭若指掌的行家。

　　如今波士頓每棟金融大樓的一樓大廳都設有咖啡廳。壹財務中心（One Financial Center）的星巴克人聲鼎沸，空間狹小；聯邦大街 100 號的藍瓶咖啡廳（Blue Bottle Coffee）空間充裕，卻十分寒冷。今天戶外冷雨肆虐，我們碩果僅存的團隊人員窩在筆電前取暖。

　　我盯著這一小群數位遊牧民族，也是我公司的僅存人口。沒人願意收留我們，共享空間光是聽見「加密貨幣」4 個字就聞風喪膽。而我們的電子郵件供應商 Mailchimp 也取消我們的帳戶，原因是我們使用「比特幣」這 3 字。他們的擔心是多餘的：比特幣的價格猶如自由落體，投資人早就作鳥獸散。

　　「有一線希望，」我對彼得說，「銷售線索，看起來是認真的。」

　　我把筆電轉過去，讓兩人都得見郵件，並特別為彼得把字體放大至 300%。「我們希望媒體風暴能幫忙推廣我們全新的區塊鏈代幣『充電幣』，」我讀出信件內容，「越多人加入，

充電幣就會增值。」

「所以這是老鼠會。」彼得回答。

「不是老鼠會，」我反駁他，讀出網站介紹。「代幣交易時銷毀，就能為代幣增值。交易越快速，代幣燒毀越多，價格就越快升漲。」

「越多投資人也會跟著燒毀。」彼得喃喃道。

「他們是想要增加稀缺性，所以越多人使用代幣，直到……怎麼樣？」我反覆思索。「只剩一個人嗎？」

「根本就是老鼠會。」彼得又說了一遍。

「網站看來煞有其事，」我回道，點開不同頁面。「可是這代幣到底是幹麼用的？」

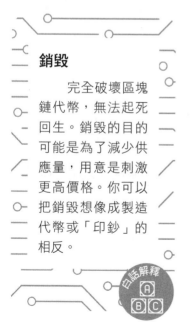

**銷毀**

完全破壞區塊鏈代幣，無法起死回生。銷毀的目的可能是為了減少供應量，用意是刺激更高價格。你可以把銷毀想像成製造代幣或「印鈔」的相反。

白話解釋 ABC

「所以很難說，」彼得指出，「這東西太新了。瀏覽網頁時，就連你也相信是真的。看這個『本公司內建了反詐欺預防設施，已確認每枚代幣的真實性。』這句話又是什麼意思？」

「看來這種代幣沒啥作用。」我洩氣地說。

「就連標誌都長得像老鼠會的金字塔！」彼得大笑指出。

「不，比較像是倒反過來的箭頭，」我瞇起眼。「你知道，

充電啊。」

「明明就是金字塔。」

「銷售管道上有其他具體的生意嗎？」我揉著眼睛，渾身顫抖。

「亂七八糟，」彼得回答，「全是雜訊，沒有實際信號。」他轉過筆電讓我看。「這是我們的銷售管道，過去這 1 個月有 200 條潛在工作，其中 2 條可能是認真的。」

「他們想要什麼？」我問。

「他們都想買《比特幣市場日報》的文章。」

「我們不幹。」我斷然回絕。

「我知道，可是約翰，這個產業就是這樣，所有其他區塊鏈網站都是付費刊登。只要寄 1 枚比特幣給他們，他們就會寫一篇有關充電幣的漂亮文章。」

「我們得建立信任感，」我堅持。「能建立信任感的區塊鏈會大紅大紫，不能的話只有衰敗等死。」

「也許是重新考慮刊登廣告的時候了。」彼得不知道已經提議過幾百次。

「廣告很上癮，一試成主顧，想跳車都難。」我又忍不住高談闊論起來。

## 終止惱人廣告

《紐約時報》科技專欄作家法哈德・曼裘（Farhad Manjoo）在他最後一篇專欄說：「網際網路廣告業就是所有線上垃圾的核心。」[46]

廣告會中斷你的上網經驗，拖累電腦速度，壓垮你的瀏覽器，並以「小甜餅」（cookie）之名的追蹤代碼安裝間諜軟件（cookie 這名字本身就是詐騙，因為餅乾本來應該很美味），讓公司追蹤你的一舉一動，這就是廣告在網際網路到處跟蹤你的做法。

區塊鏈投資的世界，只要你買廣告，許多網站就會幫忙寫漂亮文章，或是提升你的曝光率。我們不信任媒體，部分原因是我們無法分辨真實文章和廣告。

而諸如此類的問題全出在廣告。

可是事情不該是如此。最早的全球資訊網工程師以為小額付款（不超過 1 美元的付款）就是網路賺錢的方式。

你可能很熟悉「404 錯誤」，這是網際網路找不到某網頁時會出現的訊息。「402 錯誤」是要求付款時會出現的錯誤。402 發明的時間早於 404，可是你曾經見過 402 錯誤嗎？沒有，因為我們沒有小額付款，只有廣告。

因為比特幣先驅尼克・薩博（Nick Szabo）所說的「心理交易成本」[47]，不少小額付款系統雖然經過測試卻失敗收場。要是讀完一篇《紐約時報》文章要價 25 分錢，你可能會在內心盤算，並且比較其他文章、網站，以及你可以用這筆錢購買什麼等，算了，直接上 BuzzFeed 最省事。

我們越是有時間思考要不要付費，購買的機率就越低，這就是亞馬遜發明一鍵訂購的原因。沒有比這個更低的摩擦率了，但

傑夫・貝佐斯又發明出不用想訂購，與網際網路相連的快捷功能，只要你想要馬上就能購買。

今天，訂閱比小額付款有效，因為這樣做可以減少心理摩擦。付一個價格就能吃到飽，《紐約時報》讀到飽，HBO看到飽。

但區塊鏈可以讓小額付款有效隱形運作。關於這點，讓我用童話故事的方法簡單解釋。

就拿麻薩諸塞州收費公路來說吧。這是往返波士頓的主要高速道路，也是收費道路。這條高速道路曾設置堵塞交通、讓人怨聲載道的收費亭。在車來人往的高峰時期通勤已經夠惱人，用路還得付費。

收費站員工是全世界最慘的工作，他們每天要面對脾氣暴躁的通勤者，自己也跟著暴躁起來。在童話裡，你知道死守橋上嚷嚷「3枚金幣！」的山怪吧？他為何老是那麼暴躁？還不是因為他得面對通勤者！

然後，就在幾年前他們拆掉收費亭。灰飛煙滅，現在你的汽車都有一個小裝置：應答機，這種裝置會從你的帳戶自動扣款。我說的不是自動收費亭，畢竟根本沒有亭子。

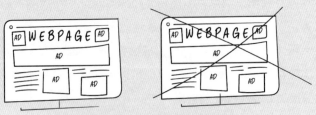

**區塊鏈能為我們終止惱人廣告。**

　　這就好比他們開除山怪，以雷達機器人取而代之。你甚至不曉得發生什麼事，只需要在線上帳戶加值 50 美元，對方就直接從中扣款。零摩擦又隱形，棒棒的。

　　這是一種智慧工程，也是區塊鏈的小額付款該有的樣貌。讓我們想像某個名為內容鏈的計畫。內容鏈讓你能購買一種名叫內容幣的代幣，你在內容幣帳戶裡加值 50 美元，逛網站時，它就直接在你最常流連的網站收取內容幣，付費給出版者。[48]

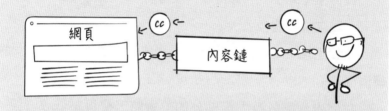

　　若要這種構想成真，我們需要一個能任出版者輕鬆使用、用戶也能以瀏覽器擴充功能輕鬆下載的開源區塊鏈。最重要的是，我們得先產出優質內容。這就是網飛、亞馬遜、HBO 不用廣告就能建立優良網路的祕訣：製作人人都樂意掏錢購買的優質內容。

　　「了解，」彼得說，「但我們現在需要收入，所以考慮一下登廣告吧？」

　　「我無意打岔，」潔德無助地補充，「但我們又跑了一個客戶。」

　　又是一記當頭棒喝：「怎麼會？」

「他們現在要找公司內部公關，」潔德邊讀電子郵件邊蹙眉。「還有，他們發現我們的重心移轉至區塊鏈。」

我凝望著窗外的傾盆大雨，想像象徵我們公司的飛機高速墜落。閃電打向飛機鼻錐，飛機刷過樹頂，尋覓一塊迫降空地。我想像自己在駕駛座艙和乘客間奔走，試著保持飛機平衡，同時端上飲料。

我的鞋依舊溼答答，整個人開始發抖。

彼得注意到了。「你得暖一暖身體，」他說。

「我咖啡喝夠多了。」

「我出錢，」他微笑答道。「想要待在這裡工作，就得繼續消費。」

我們走到團隊聽力範圍外的位置時，彼得壓低聲音說：「聽我說，有件事我不知道該如何啟齒，我就直說了。」

我的胃部下沉，卻盡自己所能板著一張臉：「什麼事？」

「我獲得一份工作邀約。」

「救人。」我捉著附近的一張椅子穩住重心。

「我知道新公司的進展比預想來得慢……」

「我不知道該如何啟齒，」我回答，「我就直說了，我已經一整年沒有進帳。」

「救人。」我和彼得在其他人都聽不見的位置坐下。

「我真的以為我們會上天堂。」彼得微笑著說。

天堂，我心想，不禁納悶我們是否將走至窮途末路。此時此刻，我們只能盡可能不讓這玩意兒還沒離開發射台就爆炸。

# 第 27 章

# 區塊鏈投資策略：
# 涓涓細流投資法

　　我的人生充滿諷刺。我人在一場倫敦的區塊鏈會議，準備演講，而我的區塊鏈事業卻是一場空。去中心化的概念是區塊鏈產業的基礎，然而在中心化政府不批准的情況下，區塊鏈的進展幾乎是零。

　　而我最信賴的顧問是一個加拿大人。

　　「怎麼樣，差不多也要 1 年囉？」理查・卡斯特林問我，他一如既往穿著他招牌的黑上衣，率性往後抓的黑髮造型。

　　「感覺像過了 10 年，」我搖了搖頭。

　　「這就是區塊鏈時間，」我坐下，他表示，「在這個產業中，1 年就像其他產業的 7 年，跟狗的壽命很像吧？」

　　「是啊。」我答道。

　　「所以你一直很忙，我在 LinkedIn 上到處看見你的蹤跡。」

　　「一方面，現在真的是大好時機，太瘋狂了。我收到一本書的邀約。」

　　「恭喜！」

「另一方面,簡直是夢魘。我們還是無法讓區塊鏈事業出現起色。」

「你都在忙哪些事?」

「什麼都忙啊。」

「啊,這恐怕就是問題了吧。也許你一心多用,忙不過來。」

「我的確是一心多用。」我們坐在大會樓層的午餐區域,我打開沙拉吃了起來。「你呢?」

「剛展開去中心化影視(Decentralized Pictures),很像電影募資。你可以投資我們的代幣資助一部新電影,電影成功走紅了,代幣的價值也會上漲,如此一來,人人都能投資他們支持的創意概念。」

「這點子很好,」我瞬間激動起來,「也許我們可以把我的書改編成電影。」

「對啊,法蘭西斯.柯波拉(Francis Ford Coppola)也有參與,蠻教人期待的。」

我忿忿不平地把沙拉塞進嘴裡。他是怎麼說服法蘭西斯.柯波拉的?

「這其實很簡單,」他說,「說到底就是培養社群。」

我咀嚼著生菜,同時咀嚼著他這一句話。

「區塊鏈與人息息相關,」他再次對我說,「找人加入你的區塊鏈,你的代幣價值就會上漲。如果你不這麼做,不被人接受、沒有交易,價值就會下跌。我只是幫別人培養社群。」

「我們有試著經營區塊鏈投資客的社群，」我滿口都是食物地說，「可是比特幣價格一下滑，投資人全作鳥獸散。」

「聽起來很正常，」理查笑了，「所有市場都差不多，不是嗎？不過商機永遠都在。」

「噢，不。」我滿臉驚恐望著我的沙拉。

「怎麼了？」

「那是松子嗎？」

「松子是什麼？」

「我對松子嚴重過敏。」

「你是說花生嗎？」

「不，松子。松樹的松子。不會吧。誰會在商展的沙拉裡放松子？」

「欸，你可是在歐洲。」

「噢，不要吧，」我的頭垂在桌面。「我半個鐘頭後要上台。」

「需要我幫你叫救護車嗎？」

我掏出手機，搜尋「過敏反應時間」。大約 3 ～ 30 分鐘會發作。

「你想去盥洗室嗎？手指插進喉嚨催吐？」

「也許我剛才沒吃到松子。」我滿心期望，搜尋著沙拉。

「你吃到松子會出現什麼反應？」他問。

「很可怕的反應。」我想起幾 10 年前某次被推進急診室的經驗。我差點來不及趕達醫院，我的臉孔浮腫，肺部緊縮，

根本是 8 小時的驚悚表演。

「你有帶注射型腎上腺素嗎？」

「在我飯店房間裡，」我的思緒瘋狂搖擺。「大概經跟著我 20 年了吧。」

「我覺得還是送你去醫院一趟比較好。」

我坐在那裡片刻，搜尋全身上下的過敏徵兆。沒有發癢，沒有腫脹，沒有呼吸困難，也許我僥倖逃過一劫。

「我等一下要上台演講。」我下定決心。

「什麼？半個鐘頭後？這太瘋狂了，」理查笑了出來，「想像一下，你在講台上休克的畫面。」

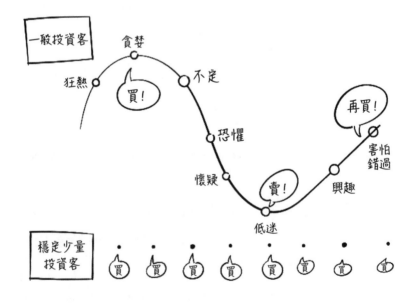

「我大老遠跑來倫敦，一定要站上那個舞台。」我發誓。

理查拱起兩道眉毛看著我，他的表情像在說：這會是你的喪禮。

「『我該不該買比特幣？』」半個鐘頭後，我對聽眾說。「這是我們從初期投資區塊鏈的人口中最常聽見的問題。我本人不是財務顧問，所以不能給你意見，但是聽我一句：買吧。」

聽眾被逗得哈哈大笑。要是我沒有平時來得生動活潑，是因為我正在觀察我的嘴脣和舌頭，檢查看是否有威脅生命的過敏反應。臉部和嘴巴會是第一個發作的部位，接著是肺部和心臟。我已經找到最近的醫院，並把電話設為快速撥號。

「最簡單的回答是要買，」我補充，「運用 Coinbase.com 等服務購入一小筆比特幣，即使只有 100 英鎊也好，這樣至少入門。買比特幣時要按照指示，首先會從追蹤價格開始，很快就是閱讀研究所有與區塊鏈相關的文章，到時你朋友會求你閉上嘴。」又是一陣笑聲。

我點開一張投影片，是班傑明・葛拉漢的經典著作《智慧型股票投資人》（The Intelligent Investor）。「這是班傑明・葛拉漢，傳授巴菲特投資術的人。他發明了『價值投資』的概念，而現在我們把這個概念帶進比特幣年代。」

半空中舉起一隻手。「巴菲特說比特幣是『老鼠藥』。」一個蓄著落腮鬍、肌肉發達的先生說。

「是比老鼠藥還要毒。」某人好心補充。

我的嘴巴很癢。真的癢嗎？是幻覺而已，還是真的發作？

「比老鼠藥還要毒，」我重複道。「是老鼠藥乘以老鼠藥那麼毒。但是如果以老鼠藥相除，就會得出一。」我說的話根本不合理。「我很尊敬巴菲特先生，但我要敬重地說聲我不贊同。我可以繼續下去嗎？」

一片靜默。我感覺得到心跳加速。是緊張嗎？還是神經系統停機？

「區塊鏈投資策略，第一步就是每月定額投資，」我繼續說，「先決定你可以投資的數字，50 或 5 千英鎊都好，然後每個月固定存入這筆錢，最好是利用自動扣款的方式進行。」

「這個過程在美國叫作定期定額美元投資法，英國則叫作定期定額英鎊投資法，但我統稱為『涓涓細流投資法』。市場看好時，每月投資額就調低。市場低迷時，就買多一點。但隨著時間過去，你沉穩緩慢的投資就會變成定額定量，像是涓涓細流。」

**涓涓細流投資法**

不管市場狀況，每月投資固定金額。

也稱為「定期定額法」，保護你不意氣用事胡亂投資。

壯漢再次舉手。「定期定量美元投資法沒有用，」他嘲笑我，「自己去谷歌一下就知道了，現在已經沒人建議採用這種投資法。」

我開始冒汗，這是不好的徵兆。是焦慮不安？還是即將暴斃的前兆？「確實有許

多研究會比較單筆大型投資和少量定額投資，」我同意，「如果你現在有 10 萬英鎊可以投資，我沒話講。你有 10 萬英鎊嗎？」

　　觀眾席傳來笑聲。這不是我故意鋪陳的笑點。

　　「對大多數人來說，我們只能邊賺錢邊投資，」我繼續道。「有什麼不屬於美國個人退休帳戶，而是你個人退休計畫的少量定額投資？從你的薪資固定自動扣款？答案就是涓涓細流投資。」

　　現在我肯定在流汗，背心內的涓涓細流。「就學術來看，單筆大型投資為佳，但我們不活在學術世界，我們活在真實世界。多數人需要投資方針的輔助，每個月一點點，像是滴滴答答的小水滴，穩扎穩打贏得這場勝戰。」

　　「更重要的是，」我鼓起勇氣說下去，「每個月投資固定金額，你也能保護自己，不會受困於其他狂熱投資客的低沉情緒起伏，坐上加密貨幣瘋狂的雲霄飛車。涓涓細流投資法對心理好處不少。」

　　「要是有人向你問起區塊鏈市場進展，你可以引用財經專欄作家傑森・茨威格（Jason Zweig）送給價值投資客那句震撼人心的八字箴言：『我不知道，也不在乎。』」[49]

　　我用紙巾擦拭額頭。「我的遠景，」說話同時我眼前的遠景也跟著模糊，「就是我們能享有使用者友善的區塊鏈投資服務。每月從你的銀行帳戶自動扣款，自動配置最佳替代幣。簡單到連你阿嬤都會，這就是人人皆可投資的區塊鏈。」

　　該走了。我沒有留下請聽眾發問，而是一把撈起背包，一股腦兒衝向大會中心門口，邊跑邊叫優步計程車。

　　當你臉腫得像麵龜走進急診室，不會有人讓你多等。他們確實遞給我一張表格，我不做他想簽了字，然後他們匆匆忙忙推我躺上一張病床，一名醫師立刻幫我檢查生命徵象。

　　「你剛才吃了什麼？」他問。

　　「松主。」

　　「花生嗎？」

　　「松主，」我噴口水。我的舌頭又腫又脹。「松祝的那個松主。」

　　「你吃了樹上的果實？」

　　「我結得我要昏過企了，」我告訴他。我感到頭暈目眩，像是猛然站起的瞬間，只不過我人其實躺在床上。

　　「你的血壓低得危險。」他猛然攫住我的皮帶，將我的長褲往下扯至腳踝位置。

　　那瞬間，我周圍的布簾揭開，我看見兩名性感英國小護士。我很確定她們不是故意裝性感，但我就快昏迷，於是我眼中的她們就是如此。我正穿著你想像得到史上最丟臉的內褲：貼身純白小褲褲，只是沒那麼白，也沒那麼貼身。

　　醫師往我的大腿注射腎上腺素，我幾乎即刻感覺到好轉，乖乖隆地咚。「真的素救命解藥。」我不可思議地說。

　　「你的身體正在運用所有資源對抗過敏源，」他說。「我

們會給你一些抗組織胺。」這時性感小護士衝了出去，離開時順手把布簾拉上。

「苯矮拉明？」我問他，「只居要注射型腎上腺素和苯矮拉明？」

「你很幸運及時趕到，」他說，「你是叫優步計程車嗎？」

「你朱道，」我繼續說，不是很清楚自己在說什麼，「你不居要把丙感的醫療資料存在冬心化資料庫，你朱道區塊鏈嗎？」

「吃下這些。」他說，給了我幾顆藥丸，「別再說話了。」

## 隱私是一種人權

我們在診間時，私密部位暴露在外，這種時候想要保留隱私是很正常的事 —— 而既然我們其他部位不可避免地暴露在外，為何不為醫療紀錄爭取一些隱私？

我們的醫療紀錄是個人資訊中最私密的部分，照理說屬於個人財產。其他私密資訊也是：譬如我們的身高、體重、婚姻狀態、種族、財務紀錄等。未經許可的情況下，不應該有人取得這些情報。試想一個年輕女子去酒吧，被一個蠢保鏢要求查看駕照。當她一亮出駕照，個人資訊一覽無遺。這名保鏢只需要確認她的生日，但該女子的駕照卻什麼資料都暴露光光，包括她的住家地址。

## 身分是一種痛點

我不相信通用識別，因為這很可能默許監視等情況發生。但有了區塊鏈，你就不需要政府發布的身分證明：人人都可以是自己的密碼。[50]
── 麻省理工學院媒體實驗室科學家約翰・亨利・克利伯格（John Henry Clippinger）

*思想領袖*

再請想像一下，這名保鏢將她的住家地址輸入一張試算表，幾週下來，他把這張累積成名冊的試算表賣給其他保鏢，幫助他們的事業。這下子所有保鏢都知道她住在哪裡。

數年下來，艾可飛（Equifax）信用報告公司蒐集到的資料遠遠超出我們假設的這名保鏢。該公司蒐集了幾百萬名美國人的個人財務資料 ── 出生年月日、社會安全碼、薪資，而這些都是未經本人授權取得的資料。

然後 2017 年，駭客攻入艾可飛的中心化資料庫，盜走至少 1 億 4 千 3 百萬美國人的個資，艾可飛資料全飛了。[51] 不只是駭客偷竊資料有罪，艾可飛居然蒐集這些資料更是罪加一等。

## 身分

你的個人資訊，例如你的出生年月日、住家地址、國家身分證號碼等。

*白話解釋*

「身份盜竊」是人人皆知的流行詞，因為這種事三不五時就會發生。區塊鏈能以「身分代幣」的方式提供解決方案。讓我們想像一下，有種叫作身分鏈的全新區塊鏈應用程式，可以讓你安全上傳所有個

資：從你的醫療紀錄乃至就職史皆可。

當供應商需要某項資訊，你可以與對方分享 —— 可以是免費
（像是你的醫師）或是收費（例如信用報告機構），讓對方以身
分幣付款給你。

隱私是一種人權，畢竟沒人想要自己的私密部位曝光。

「你休息一下吧。」英國醫師說，他似乎整個人沐浴在
光線中。我暈頭轉向瞥了一眼毯子，我褪下的長褲還堆積在
腳踝。

「敦白小褲褲。」我咯咯傻笑。

「你說什麼？」

「晚安。」下一秒睡著。

# 第 28 章

# 急需區塊鏈仲裁制度

艾隆・馬斯克曾形容當一個企業家最悲慘時，感覺就像邊咀嚼玻璃邊望入深淵。[52] 可是今天我卻覺得這句話太雲淡風輕。

我和潔德正在銀行申請再次調高信用額度。我們已經耗盡信用額度，只剩 1 個月的現款。包括銀行帳戶、公司、房屋的一切全都押在信用額度上。

我們天殺的是怎麼走到這一步？

「別擔心，」我的手輕輕握住她的，「我們還有彼此。」

她微笑：「我們還有彼此。」

「我很感恩有妳。」

她把頭靠向我的肩頭。「我也是。」

「唔，早上好，」愛爾蘭腔調讓我的心暖了起來。「我平常不這麼打招呼的，但是我知道你喜歡。」

「西恩，真開心看見友善的熟面孔。」潔德微笑，跟他握了一下手。

「很高興見到你們，」看見我時，他頓了一下。「你看起來怎麼那麼累。」

「多謝關心。」

他更仔細打量我的臉。「你還好嗎？發生什麼事了？」

「我剛被打臉了。」我回道。

「呃，先進我辦公室吧，」他說，「讓我看看我們能做些什麼。」

室內氣氛凝重不已。「西恩，我們已經很謹慎控管現金，」潔德率先開口，「可是還是有幾個客戶拖欠款項……」

「包括貴銀行在內，」我加入戰局，想到秀英臉部就忍不住抽搐。

「我已經做好 12 個月的現金規畫，」潔德繼續說，遞給他一份預算報告。「包括再度賺錢的計畫，可是我們需要再提高信用額度。」

西恩望著預算報告，不禁蹙眉，「今年不太好過，是嗎？」

你有所不知，我心想，雙眼瞬間充淚。

西恩的眼神瞟向我，接著迅速挪開。「怎麼會發生這種事？」

「我們發現生意進展遲緩，於是嘗試轉型，」潔德簡短下了結論。

「轉型？」

「我們轉型投資區塊鏈。」我回道。

「區塊鏈是什麼？」

我和潔德陷入片刻沉默。「你想說明一下嗎？」她問我。

「西恩，你還記得我們有買比特幣吧？」

「有啊。後來怎樣了？」

「我還要說那是我截至目前最值得的一項投資。」

「那你為何不脫手比特幣？你們可以賣，對吧？」

潔德拱起兩邊眉毛望著我。

「我想再等一陣子。」

「可是你現在手頭上有更要緊的問題，」他指向試算表。「你們有流動資產，為何不用？」

「明明是貴銀行不付錢給我們，」我不甘示弱，「你知道他們積欠我們多少薪資嗎？」我指向試算表上的一串數字。

西恩吹了聲口哨。「那你們怎麼不告他們？」

「我們試過了！」

「訴訟費用在這裡，」潔德指向一個分項數字。「我們也用現款支付這筆費用。」

「我們最需要的，」我告訴他，「就是一種區塊鏈上的仲裁制度。」

「現在不適合講這個。」潔德要我收斂。

我才不管，然後掏出了我的 Moleskine 筆記本。

##  區塊鏈制裁：10 萬美元的創想

假設你發生一場紛爭，某個客戶欠你 10 萬美元。

服務付費的問題通常出在沒人想預繳費用。你請某人幫你修補屋頂，不可能事前全額付給他。

一般解決方法是分期繳費：也就是屋頂修好一半時繳 5 成，完工後繳 5 成。但這個做法還是不盡理想，畢竟屋頂修繕師傅可能搞砸後半段的工程。而要是你不付錢，這個可憐蟲也一籌莫展，總不可能拆掉你家屋頂吧？

解決方法就是一個區塊鏈的代管契約制度，就像我們先前舉過的動物造型氣球例子，只是略有不同。你和屋頂修繕師傅打好一份智能合約，支付對方全額，這已經比先前的制度好，因為他知道你會付款給他。就心理層面來說，你們都達成共識。

現在假設你們雙方發生歧見。屋頂修繕師傅說已經完工，你卻說屋頂還在漏水，兩人互不相讓，始終沒有解答。這筆 10 萬美元（這片屋頂真的很大）就像代管款項，存在智能合約裡，就算你不繳也拿不回來。

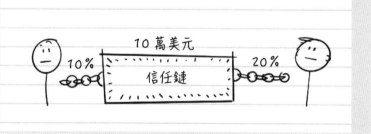

假設這件事發生在一個名為信任鏈的付費區塊鏈上，雙方各同意質押某比例的金額，當作仲裁費用，換言之，為了解決爭端，你們兩人都同意一筆「放棄」金額。

質押的金額被送到去中心化仲裁委員會（工作內容是解決信任鏈爭端的人），他們會和你們兩人溝通協調，幫忙找出解決方法，委員會員的酬勞則是你們質押的金額。

### 質押

「鎖定」一筆固定金額或代幣，以換取某種利益。

可以把這想成飯店對你的信用卡「預收押金」：只要你不破壞房間，他們就把這筆錢歸還給你。

舉個例子，你質押 10 萬美元的 10%，屋頂修繕師傅質押 20%（他的損失較大，畢竟他已經付出勞力和材料費）。仲裁者聽取雙方提出的故事版本，檢視工程圖片，審查屋頂修繕師傅在信任鏈上收到的評價（42 個正面評價），以及你個人的評價（你才剛加入），最後判定屋頂修繕師傅勝訴、可支付 7 萬美元，而仲裁者則平分其餘的 3 萬質押金。

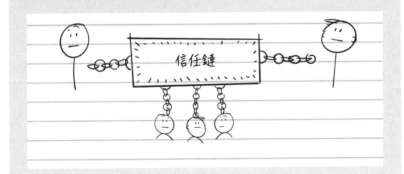

> 請別忘了並沒有中心化的「公司」管理所有事務！這不是要求 Visa 公司撤銷某筆信用卡費用，或是對某人提告：而是一個由人主管的去中心化系統，不需要律師。

「真有意思，」西恩心不在焉地含糊說道。「可是恐怕已經無計可施，」他放下預算報告。「你們耗盡信用了。」

在我腦中，我想像自己揮舞一把大槌，敲碎西恩辦公室的牆壁，玻璃碎片在我四周慢動作飛濺時，我嘴裡發出本能的野性呼喊。

「或者是……」西恩繞到他的電腦前，敲了幾個鍵，我和潔德屏息坐著，往前傾身。

「不，」他回視我們，「你們差不多耗盡信用額度了。」

我咬著滿嘴的碎玻璃。「也許我們可以賣掉比特幣。」我對潔德嘆了口氣。

「你們已經付了一大筆利息，」西恩推斷，「沒道理再繼續背債，既然你們有流動資產，不妨就用吧！」

我瞥向潔德，她的臉孔瞬間刷白。

「妳還好嗎？」我問她。她熱淚盈眶地把手機遞給我。

> 我很抱歉用這種方式通知妳，但醫院不能打電話。

> 你哥哥喬艾今早過世了。

# 第 29 章

# 只要是人都會痛苦掙扎

「人生，」我開口道，「好難。」

我環視這間被親朋好友填滿的小殯儀館。坐在前排的是潔德和她的家人，所有兒孫都到齊了。科克、阿班、伊凡和他們的家人坐在後面幾排，擠在姑姨表親中間。我回頭凝視著被鮮花及花圈環繞的大舅子遺體。

「這就是佛陀四大箴言之一：生命即是一場苦難，可是我們不這麼認為，是吧？我們以為人生應該輕鬆自在，抱怨自己遭遇的困境、氣候、總統、超市裡的大排長龍。」

「可是今天是真的令人難受，今天我們真的感覺到痛苦，因為……」我深吸一口氣，穩住自己的情緒。「……因為喬艾已經離我們而去。」

我喝了一口水，安定自己的情緒：「為何我們從來不這麼說？」我問，「我從沒聽過有人在悼詞裡提到『人生真的太難了，』只有安慰話語。可是知道自己並不孤單、大家同舟共濟，難道不也是一種安慰？」

「今天對我們來說是一大改變，」我繼續說。「經歷這

個改變也很辛苦。想像一下毛毛蟲羽化成蝶。各位，請試想一秒鐘，那可是一隻長著許多腳的蟲，之後卻變成了翅膀美麗精緻的天使，從鳥的食物躍上《自然》（Nature）雜誌的封面。你以為這過程很簡單？全身包裹在蛹之中變異，肯定很辛苦吧。」

「蛇褪去皮，樹木增加一圈圈年輪，宇宙不斷擴張，這一切怎麼可能容易？免不了經歷層層關卡和掙扎，免不了辛苦。」

「聖保羅在他寫給羅馬人的書信中提到：『我所為之事皆是我所不欲為，我不欲為我所為之事。』諸如此類的話。今天沒有真正的牧師到場，你們只有我。」

沒人笑，只有幾個人露出微笑。

「保羅想要說的重點是，只要是人都會痛苦掙扎。我們掙扎著去做正確的事、掙扎著避免犯錯。掙扎就是身為人的處境。可是掙扎也帶給我們尊嚴、價值、自我尊重。今天我們要歌頌喬艾的特質。」

「和你們交談時，我聽見喬艾的待人處事，也就是痛苦掙扎底下的那個人，他以自己的方式觸動了家人，讓這世界變成一個更美好的所在。」

「我今天想對大家提出一個問題：我們可以優雅地掙扎嗎？我們的努力掙扎能像喬艾嗎？我們能跟失去他的事實抗爭嗎？接受人生的這道難題，並且擁抱它？我們能直視死神的臉孔嗎？」我停頓，情緒一觸即發。

「因為要是我們可以優雅地掙扎，那麼我的朋友，這就是一場值得活的人生了。」我轉過頭面對喬艾。「就像喬艾的人生一樣值得。」

後來，我硬撐著完成這整場儀式，直到瞻仰遺容的那一刻。殯儀館的廉價音箱傳出強尼·凱許（Johnny Cash）的歌聲，他唱著披頭四的經典歌曲〈我的人生〉（*In My Life*）。這不是年輕氣盛的強尼·凱許，而是飽經風霜、看遍世間滄桑的強尼·凱許。

人們排成一列，沉默不語致上最終敬意時，我和潔德再也忍不下去，相擁而泣。

# 第 30 章

# 除非自己放棄，否則還沒結束

感激你願意見我，馬丁。」我又回到前顧問的辦公室，魚缸和蓬髮跟我離開時如初一轍。

「別客氣。」馬丁滿臉擔憂地注視著我，若有所思地將茶包浸入杯子。「所以說，進展不妙。」

「我試著在別人往左時往右，」我說，「已經照你說的做了。」

「這個，我可沒說發展會很順遂。」

「真的太難熬了，馬丁。」淚水開始湧上眼眶。

「那就繼續熬下去。」

「你不懂，」一顆淚珠滾落我的臉頰。「我從每週工時 60 個鐘頭，變成 80 個鐘頭。每天睡不飽，頭髮也掉不停。」

「我不懂？」他不可置信地說，「你真的以為我不懂？聽好了。」他從馬克杯中撈出茶包，放在瓷器茶包碟上。「跟著我念一遍，企業家字典裡最重要的 8 字口訣：『一切終成過往雲煙。』」

「一切終成過往雲煙。」我含糊道。

「一切，終成，過往，雲煙。」

「一切終成過往雲煙。」

「這一切都很短暫，眼前所有的一切」他的手揮向書架、獎盃、首席執行長的紀念合照，「都會消逝。不管時機是好是壞，咬牙忍下去，因為一切終成過往雲煙。」

我抽了一張面紙擤鼻。「怎麼可以付出這麼多卻沒有回報？」

「除非你自動放棄，否則事情還沒走到終點。」他的蓬髮充滿期待地對我上下輕點著。

「你讀過《活出意義來》（*Man's Search for Meaning*）嗎？」他繼續說：「弗蘭克（Viktor Frankl）的書。」

「大學時讀過。」

「他是猶太心理學家，別忘了，而他曾被送去納粹死亡集中營。他的事業、財富、家庭，這一切全遭到剝奪，可是他堅忍不拔，咬牙苦撐過最可怕的經歷。他硬著頭皮撐下去，最後活了下來，並且領悟這場苦難的意義，他眼睜睜看著其他獄友放棄自我，他形容那就好像一道光從他們眼底消逝，3 天內就翹辮子了。」

「寓意是什麼？」

「除非你自己放棄，否則事情還沒結束。」

「這看法倒是挺正確。」我露出微笑。

「聽著，你的目標是經營價值 10 億美元的公司，只是現在……」

「深陷 10 億美元的債務？」

他笑了：「你想要怎麼誇大自己遭遇的難關都行，但優秀企業家會實現目標。」他強調這幾個字。「你需要錢？去實現啊。你想要大家認識區塊鏈？去實現啊。」

「有時我們全力以赴，卻看似毫無斬獲，」他繼續說，手比劃出一個角度。「但你要記住一件事……」

「拜託別再提『曲棍球棒』了。」我求他。

「是曲棍球棒的開端，」他糾正我。「看來你一點長進都沒有。然後……」他的手緩緩比出一個 45 度角、50 度角，然後是 75 度角……

馬丁的身體往前一傾，壓低音量。「祕訣其實非常簡單。」

「是什麼？」

「把宇宙彎成你要的角度就行了。」

# 市場劇烈震盪，同時蘊藏投資機會

讓我們重點整理一下本篇所學到的知識，準備好迎接 Part 4 的重生。

- **市場難以預測**。跟股市一樣，區塊鏈市場波動不定，隨著它進入情緒劇烈起伏的青春期更尤其是。
- **重新定位產業**。其中幾個令人期待的區塊鏈計畫包括：
  - **身分**：私人資訊保密到家，自己掌控誰能獲取這些個資（例如醫療紀錄）。
  - **雙向付款**：以「代管契約」預留款項，直到雙方對結果都滿意為止。
  - **仲裁**：協助彼此輕易解決爭端，不必為對簿公堂。
  - **回饋點數**：打造一個買賣交易的全球市集，從飛行常客里程數乃至信用卡點數皆可交換。
  - **投票**：創造透明化的投票制度，一個屬於人民、由人民使用、獻給人民的制度。
- **區塊鏈不是公司**。雖然不少投資法則依舊適用區塊鏈，但區塊鏈本身屬於一種新的資產類別。
- **涓涓細流投資法**。保護自己最好的方式就是每月固定預留一筆錢，放進投資組合，最好是採取自動扣款的方式

（見 Part 4）。

- **「鋤頭和鏟子」（等工具）。** 傳統股市中蘊藏著許多區塊鏈投資契機。
- **挖礦周邊：** 在分散式區塊鏈網路中「挖礦」及貢獻的高級電腦和顯示卡製造公司。

  - ◆ **基礎建設：** 會培養實際區塊鏈專業技能（而不是紙上談兵）的傳統科技公司。
  - ◆ **諮詢顧問：** 栽培區塊鏈人才庫的傳統顧問公司（快速檢測：看看他們是否發表區塊鏈的優質思維領導）。
  - ◆ **專利：** 儘早提出所有權、申請區塊鏈科技專利的公司。
  - ◆ **金融服務：** 發展真正的區塊鏈應用程式的傳統金融公司和銀行（不是只把區塊鏈當行話）。

- **投資人教育。** 最迫切需要的莫過於教導一般人如何聰明投資。

# Part 4

## 讓區塊鏈成為
## 你投資的一部分

# 第 31 章

# 去中心化：沒有人真正擁有，卻人人擁有

> 保羅‧艾倫死了。

我清楚記得我是在哪裡收到這通簡訊，因為我正好站在保羅‧艾倫（Paul Allen）的校園。

在那個溫暖到不像早秋的日子，我人正在微軟總部，雨中豔陽自鐵杉和冷杉中間灑落，微軟人正在慢跑、踢足球、在約202公頃的仙境健行。

我真的想像不到比這更美麗的工作場所。跟我們溼淋淋的咖啡廳相比，這裡不可思議的詩情畫意，不可詩意。

而這一切都是由保羅‧艾倫一手打造。

這個與比爾‧蓋茲共同創辦微軟的天才打造了數10億美元的投資組合，並捐贈幾10億美元給慈善機構，而這名西雅圖慈善家如今已登出下線。在總是雨下個不停的雷德蒙德，今天的天氣彷彿是在歌頌他的一生。

我準備在微軟演講，艾倫的死訊讓我心情沉重。他是我心

目中的英雄，奇怪的是我居然在他辭世這天演講。這個巧合似乎別有深意，但跟我當前人生發生的許多事一樣，我無法說出個所以然。

> 我應該在演講中提到
> 保羅・艾倫嗎？

>> 千萬別提保羅・艾倫。

> 為什麼？

>> 你又不是微軟員工。

> 我可以帶領大家禱告嗎？

> 為保羅・艾倫禱告？

> 我是認真的。

　　我傳訊給潔德時，一名神氣活現的講者正站在台上，他是新公司 Got-It.ai 的首席執行長，彼得・瑞蘭（Peter Relan）。彼得幽默風趣，以他連續創業狂的怡然自得侃侃而談創辦公司的故事。我魂都快嚇飛了，畢竟這裡就是大聯盟，而他就是大聯盟投手。

　　「你有需要什麼嗎？」微軟的兩個年輕主持人馬修和布魯斯把我從焦慮的神遊狀態拉回現實。

　　「再 10 年的資歷。」我回道，對台上的彼得點了一下頭。

　　「他很厲害，對吧？」馬修微笑道。

「大多區塊鏈講者都很有說服力，」彷彿串通好似的，彼得講到某個笑話時，聽眾哄堂大笑。「可是這傢伙是超級巨星。」

「你會安全過關的，」馬修安慰我，「你辦得到。」

「嘿，我應該提及保羅・艾倫嗎？像是請大家默哀 1 分鐘。」

布魯斯皺眉：「我要是你就不會這麼做。」

我噘起嘴脣。「是比較不會惹麻煩。」

「你不需要麻煩吧？」馬修指向講台，彼得正步下台，觀眾掌聲如雷。「快，換你上場了。」

我調整好耳機，深吸一口氣。「我準備的整場演講全部跟保羅・艾倫有關。」


這場活動是微軟零工高峰會（Microsoft Gig Summit），主題設定則是「零工經濟」，僱請自由業者為你開車（優步）、做平面設計（Upwork）、或幫你去收送乾洗衣物（TaskRabbit）的零工趨勢。

這根本不是午餐訓練課程：不過是舉辦於公司劇院的員工活動，備有全套聲光團隊、專業攝影師、午宴陣容則包括龍蝦漢堡和澆上松露油的手切洋芋片。

我的演講是當日最末場，一上台，我就看見一票微軟員工徐徐擠向出口。這把我難住了。我以為我是今日的壓軸，但現在我卻成為讓聽眾在交通顛峰時間塞車的罪魁禍首。

「歡迎來到今天最後一場演講！」我開口：「我是約翰·哈格雷夫……」接下來我莫名舉頭望向天花板。我該怎麼自我介紹？作家？企業家？區塊鏈傳教士？我是誰？

我俯首望著自己的身體，身體正在對聽眾說話。這感覺很不真實：我的嘴巴決定我說的話，我卻只稍微意識到話語溜出嘴巴。

這就好像去面試工作，聽見最令人卻步的問題：「請你稍微自我介紹一下。」這根本不是問題啊！你到底想要聽我說什麼？你希望我是怎樣的人？你希望我展現哪段人生經歷的高光亮點？

你要怎麼把自己定位成值得信賴、有趣幽默、學富五車、同時又聰明睿智的人？每個人都有好幾張面具，跟親朋好友、公司同事等人相處時，皆會套入不同角色面具。現在的我應該戴上哪一張面具？

但目標是不戴面具。大家不都這麼說嗎？「做自己就好。」可是我連這句話是什麼意思都不明白。我的目標是真誠，而這又帶我回到最原始的問題：我是誰？

我不記得自我介紹時說了什麼，我已經靈魂出竅，思緒在腦海中盤旋，直到我又跳回演講開頭。保羅·艾倫死了。

「馬雲買不了網際網路。」我隨機應變。

##  去中心化的區塊鏈

馬雲是全中國最富有的男人,富可敵國的他在一些中國人家裡被奉為神像,擺在主管財富的中國「財神」旁邊。他是現代神祇,不只是億萬富翁,更是億萬人民幣富翁。[53]

馬雲有錢到隨便一天都能買下全中國的茶葉。[54]

然而,縱使馬雲家財萬貫,他還是買不了網際網路。這個念頭似乎很荒謬,我們都曉得網際網路是電腦集合而成的龐大網路,沒人真正擁有它。世上根本沒有網際網路總部,沒有網際網路的首席執行長,也沒有一條誰可以拔除的網際網路電線。

這全是因為網際網路是去中心化的系統。

我們的大腦不是天生就是為了去中心化而生。首先,光是這四個字就拗口彆扭。再來,人類建立的機構絕大多數都屬於中心化,好比市政府、教會、微軟。幾百年來,我們創建國家,有中心化的首都、領導人、制度。

倒也不是說中心化制度不好,事實上,現今許多問題都是中心化和去中心化產生的摩擦:例如在去中心化社群媒體世界裡,中心化媒體扮演的角色。或是中心化軍隊該如何應對去中心化的恐怖主義網路。

### 去中心化

不是由一個中心機構擁有或掌控,最實際的例子就是網際網路。

要當心偏向中心化的「私人」或「需經許可」的區塊鏈。問一問自己:他們為何需要區塊鏈?

重點畫起來

　　去中心化本來就存在區塊鏈的基因裡。例如，比特幣不是一間公司，以太坊沒有總裁，區塊鏈的背後可能有基金會或財團，就像網際網路也有設定標準的機構，但普遍來說，它們不是由坐在桃花心木辦公桌後方的那個人主宰。

　　這很有違直覺。說出「讓我們打造龐大的區塊鏈計畫吧，然後獻給全世界」正好跟美國夢恰恰相反：勤奮工作，相信自我，打造一間大公司，然後出售賺取盈利。

　　我不是說區塊鏈企業家是德蕾莎修女。但他們越是把重點放在實用科技，似乎就越能莫名獲利，而他們的財富幾乎是區塊鏈副產品。

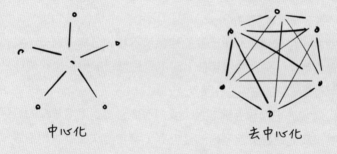

中心化　　　　　　　　去中心化

　　出身卑微的鐵匠改變歷史的故事就是去中心化的絕佳例子。我們會有現在的社會，全拜一位熔煉馬蹄鐵的孤獨天才所賜。

　　這名鐵匠名叫約翰內斯·古騰堡（Johannes Gutenberg），他在 15 世紀融合幾項已存技術，例如雕版印刷術和製酒的螺旋壓榨機，藉此創造出世界首座印刷機。

　　這個不足為奇的發明引發社會進步的連鎖反應：剎那間，知識（資訊）變得唾手可得。在印刷機問世前，要是你想聽聖經，就得去教會聽牧師講道。可是現在卻人手一本聖經！

　　結果我們發現人類其實很好學。資訊永遠不嫌多！印刷機開始以螺旋壓榨機的最高速率製作書籍，知識如雪球般翻滾。書籍越多，思維想法就越豐富，最後識字率增加，進而帶動更多書籍和構想產生。

　　滾雪球的速率越來越快，最後推動改革、科學革命、工業革命，嶄新構想逐漸取代了國家和教會領導的地位。到了 16 世紀，世界上共有 2 千萬冊書，下個世紀甚至增加至 2 億冊書。[55]

　　要是你覺得聽來耳熟，那是因為區塊鏈也是這麼一回事。

　　想像一下古騰堡要是這麼說：「這是項偉大發明，我要申請專利，然後印製一組有關手工鍛造的套書。我第一部作品是書名叫《在家裡敲敲打打》的自傳。第二部則是珍藏版的鐵匠笑話集，書名是《鍊笑話》。」

　　要是古騰堡中心化了他的知識，不和人分享印刷機，我們現在有的可能就是古騰堡手冊，而不是古騰堡聖經。但印刷機是一種中心化資訊的去中心化發明。

　　當我們把麵包丟到海裡，我們可能會得到溼溼軟軟的貝果，但要是我們把好東西發送到全世界，等它再次回到我們身邊，似乎就會倍數增長。

　　我正在打造某樣我將來不會擁有的東西。對公司行號、政府、中央銀行來說，這種思維轉換並不易理解。但要是你不打造開放式的區塊鏈，別人也會去做，於是你就損失了在這個世界的一席之地，變成搭順風車的乘客，而不是主導的駕駛。

　　看看超級帳本吧，超級帳本是由 Linux 基金會（Linux Foundation。本身就是以去中心化 Linux 為主的中心化組織）開創的區塊鏈平台，這個去中心化計畫則是獲得 IBM 和思科等中心化科技公司財團的支持。

　　中心化組織能在去中心化區塊鏈上執行計畫，只是無法依照傳統觀念去「擁有」它們，這很可怕。「我們要怎麼從中賺到錢？」老闆會問。「這麼做對我們有什麼好處？」我們的政治家不免納悶。

　　但是綜觀破壞性技術史，大家不也曾經提出相同質疑？

　　「我們為何要對印刷感興趣？」15 世紀的天主教會這麼問。「將近 1 千 4 百年來，我們不都也是徒手抄寫聖經。」與此同時，現在人們自行解讀聖經，自我詮釋，並得出教會需要改革的結論。

　　「我們為何要對網際網路感興趣？」90 年代的媒體公司發問：「這幾百年來我們不也是這樣印製書籍和報章雜誌？」與此同時，網際網路正在重整媒體景觀，讓出版、複製、印刷變得易如反掌。

　　雖然不少公司和政府嘗試得到區塊鏈，但跟網際網路一樣，沒人能擁有區塊鏈。所以務必當心「私人」區塊鏈，這種全是為了個人圖利而創造的區塊鏈，別跟為了公共利益的「開放」區塊鏈混為一談。

　　網際網路的矛盾之處在於沒人擁有它，卻人人擁有。真正的網際網路是去中心化的，所以請認明去中心化的區塊鏈。


　　「今天的活動是有關零工經濟，」我下了總結，「這種經濟也屬於去中心化，你不擁有零工工作者。事實上，零工工作者才是你的主人，你要看他們臉色幫你做事。」

　　「去中心化最屌！」我咆哮，驚嚇到第 2 排一位年輕女

性。「去中心化將會顛覆你們在微軟進行的一切，所以開始思考這個模型吧。」

我開始在腦中搜尋例子。「古巴的網際網路服務很惡劣，於是國民創造出自己的版本，名叫 SNET，也就是『街頭網路』的縮寫。人人連接上電腦，由志願者供應技術支援該社群，人民擁有 SNET，而只要他們不違法，政府就睜一隻眼、閉一隻眼。這就是去中心化。」幾個極客點頭如搗蒜。這就是網狀網路。

「也許你還記得小時候和朋友一起為大人舉行小型話劇表演的情景？那也是一種去中心化。沒人擁有，卻全體皆擁有。」

「一人一菜晚餐、臨時舉行的聚會、迷因、諺語、散播好主意，這些都是去中心化的例子，去中心化是區塊鏈的核心精神。」

我遲疑了：接下來要進入具有爭議的部分了。

「在零工經濟裡去中心化時，」我繼續說，「請務必記得，零工工作者也是人。」我點開下一張投影片：一張各種族背景的普通民眾面帶微笑的圖片。「不是這些人，」我澄清，「這張只是圖庫照片。」其中一些聽眾笑了。

「聽著，你們校園的美讓我驚豔，可是別忘了零工工作者的工作環境跟你們迥然不同。他們可能在大雨傾盆的咖啡廳裡趕工，在家裡自由接案，身旁有嚎啕大哭的孩子。他們馬不停蹄趕往下一個工作，一點也不輕鬆。」

　　「我們或許會忍不住把零工工作者當成可以消耗、數位工廠裡不具臉龐的齒輪，但這些事實上都是真實的人。你們越是把他們當人看待，他們就越可能善意回應你。」劇院後面有1、2個零工工作者鼓掌叫好，讓我不由自主打了個哆嗦。

　　「就連保羅·艾倫都沒買下網際網路，」我總結。「願主讓他的靈魂安息。沒人擁有網際網路，大家卻共同擁有它。區塊鏈也是一樣，屬於所有人，為所有人賦權。這就是人人皆可享有的區塊鏈。」

　　回到後台，我免不了擔憂。掌聲不慍不火，並不符合我預期點燃的革命。這天很漫長，我想大家都只想著回家，倒是馬修和布魯斯倒還挺生龍活虎。

　　「嘿，我有個禮物要給你。」布魯斯衝口而出，遞給我一本書。

　　我看了一下封面。李小龍的《截拳道之道》（*Tao of Jeet Kune Do*）。「有意思。」我翻起書頁。「我應該現在讀，還是……？」

　　「不，」他笑了出來，「我讀過你的《駭心術》，覺得李小龍的哲學跟你很相似，我想你應該會喜歡這本書。」

　　「謝謝你送我這一本布魯斯 *，布魯斯。」我翻著書頁，裡面有李小龍的招牌武術動作，同時穿插他的禪學哲思。我翻到

---

* 李小龍的英文名也是布魯斯，Bruce Lee。

一頁時停了下來：

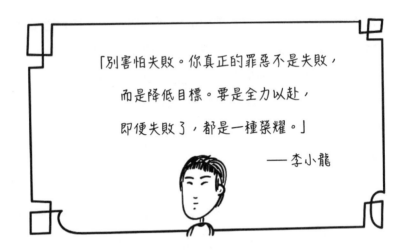

「別害怕失敗。你真正的罪惡不是失敗，
而是降低目標。要是全力以赴，
即便失敗了，都是一種榮耀。」
　　　　　　　　　　　——李小龍

　　「他在一本隨身攜帶的小筆記本中寫下這些金句。」布魯斯解釋，「有點類似信心喊話。駭心術。」

　　「駭心術，」我忍不住感到驚奇，「藏在一本筆記本裡的駭心術。」

　　在我之前上台、神氣活現的企業家彼得走上前和我握手。「我對區塊鏈真的很感興趣，」他對我說：「可是我的公司目前比較著重人工智慧。」他的活力四射讓人很難相信他的年紀，我可以想像他帶領靜修團的畫面。「我很喜歡你在自己的攤位被那個女人狂電的故事。」

　　「那是一段痛苦回憶。」我微笑。

　　「所以你們還有在從事內容行銷工作，對吧？我們公司成長迅速，很需要你幫助。但這是人工智慧，不是區塊鏈……至

少現在還不是。」他別有用意地看著我。

「樂意之至。」我回答，在內心偷偷鬆了口氣。

「太好了，那我們下週聊聊。」他遞給我一張名片後便溜出門離去。

「啊，跑這一趟果真值得。」馬修說。

「你有所不知。」我答道。飛機低空擦過樹梢，往一座山的方向而去。我的油箱多添了一點油，但或許只夠飛過山巒高空。

保羅・艾倫也許已不在人世，但我們還能活著見到明天！

# 第 32 章

# 區塊鏈成長速度像火箭勢不可擋

媒體風暴窮到快被鬼捉走。

隨著比特幣的價格持續下跌至 5 千美元以下，區塊鏈生意也漸漸衰落。媒體開始稱這是「加密貨幣寒冬」，我常常半夜睡不著，納悶該怎麼撐到春季融雪。

表面上看起來沒那麼糟，是因為我繼續去會議演講，只是沒有一次是收費演講。我甚至自掏腰包治裝、聘請經紀人，卻沒一場區塊鏈會議願意支付我演講費。這又是另一個「付費使用」的例子：多半講者都在推銷自己的區塊鏈計畫，所以得想辦法養活自己。但就像一個剛起步的單口相聲演員，我提供免費服務。

這倒讓我有練習全新素材的機會。今天我在一場波士頓世界貿易中心（Boston's World Trade Center）的大型區塊鏈會議，對一整間會議廳的區塊鏈投資人演說。

「要是區塊鏈當真是一種全新的資產類別，」為聽眾暖場完後，我說，「那我們該如何決定它們的價值？該如何測量？」

我點開我在微軟用過、不同種族的人微笑的圖庫照片。

「容我提醒各位，區塊鏈跟人息息相關，你必須拉人使用這玩意兒。區塊鏈以人發起，賦權予人！」我手握成一顆拳頭高舉，潔德告訴我，我這樣子很像帶領一場極客勢力集會。

「賦權予人，」我又喊了一次，接下來尷尬地收回拳頭。「若這種科技真的攸關人們，」我鼓起勇氣繼續說下去，「那我們就需要能夠測量區塊鏈使用者的度量標準。」

「這要從一種重要的度量制度說起，主宰萬物的唯一規則，我們稱之為火箭定律。」

## 網路效應：火箭定律

你好奇過擁有第一支電話的人是誰嗎？

那還用說，亞歷山大・格拉漢姆・貝爾（Alexander Graham Bell）。但我的意思是繼他之後的第一支電話。我想聽聽看貝爾的推銷話術：「快來看看這神奇裝置，它可以讓你用正常聲音對任何人說話，不管你在哪裡都可以哦！」

「真的假的？」他的潛在顧客問。無庸置疑，這個顧客有翹鬍子、頭戴時髦圓頂高帽。「誰還擁有這玩意兒？」

「呃，只有我。」

**網路效應**

只要有一個新人加入某網路，網路就能變得更有用。最好的例子莫過於電話和臉書。

大學問

「這樣啊。那我不就只能跟你說話。」

「是啊。」貝爾一臉洩氣。「還有貝爾太太。」

「噢!」圓頂高帽先生眼睛一亮。「貝爾太太嗎?我要買!」他驚呼,接著其他幾 10 個猴急的先生也加入,下了訂單。

我們所謂的網路效應就這麼誕生了,最經典的例子就是電話。只有貝爾賢伉儷擁有電話時,電話的網路只有 1 個互聯線。可是 5 個人加入時,就可能有 10 個互聯線,12 個人的話就有 66 個互聯線。

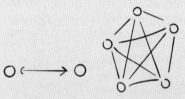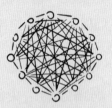

2 個使用者 =　　5 個使用者 =　　12 個使用者 =
1 個互聯線　　　10 個互聯線　　　66 個互聯線

**越多人擁有電話,電話就對所有人越有用處。**

大多現代科技或多或少都是利用網路效應崛起。臉書一開始只是哈佛大學的小型網路,後來擴大至常春藤學校、然後所有學校,最後變成世界各地的阿嬤都在用。隨著越來越多人加入,臉書也對所有人更有用處。

區塊鏈從網路效應受益良多。換言之,你的區塊鏈使用者越多,區塊鏈對所有使用者就越有用。譬如越多人擁有比特幣,比特幣的買賣交易就越有賺頭。

網路效應以一種名為梅特卡夫定律的數學方程式量化,該定律以網際網路先鋒羅伯特 · 梅特卡夫(Bob Metcalfe)命名。簡單解釋,網路價值會隨著代表使用者數字的 $n$ 平方等比成長:

$$價值區塊鏈 = \frac{n(n-1)}{2}$$

$$n = 使用者數字$$

梅特卡夫定律（說是定律，其實比較類似經驗法則）已被用來解說公開交易的「網路」公司價值，好比臉書和騰訊，[56] 同時也用來描述互際網路本身。[57] 這就是為何傳統投資人把「網路效應」公司的價值定得那麼高。

我們應該使用的詞彙不是「指數型成長」，而是「二次成長」。以下稍微簡單解釋：每次使用者數字雙倍成長時，互聯線的數字也會成長至 4 倍左右。以下就是貝爾賣出 10 支電話時，電話網路的價值：

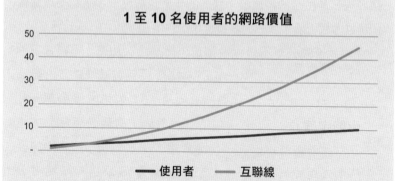

**1 至 10 名使用者的網路價值**

換句話說，若有 10 個使用者，每個人都有 50 個可能的電話互聯線。現在請想像某位投資客走上前，說：「貝爾先生，你聽我說。我要用 50 美元買下你剛發明的電信網路。」貝爾如今估測每人 5 美元（50 美元除以 10），或是每個互聯線價值 1 美元。

對貝爾先生來說挺賺的吧！有了每個互聯線 1 美元的初期估價，來瞧瞧整體網路從 10 增加至 100 個使用者後的價值成長：

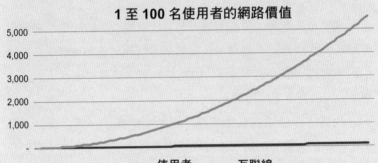

**1 至 100 名使用者的網路價值**

—— 使用者　　—— 互聯線

我們的大腦不習慣這種思考模式，比較習慣線性成長，因為這源自日常生活的經驗談：我們的年齡以線性成長，物價以緩慢的線性方式上漲，我們的薪資也是線性增加。

想像一輛公車不是線性加速，而是二次加速：司機踩下油門，速度就從時速 1.6 公里變成 4.8 公里、9.6 公里、16 公里。你心想：天啊，這輛公車移動的速度真慢，這時時速從 24 增加至 33.7、45、57.9 公里。區塊鏈公車背後的汽車大排長龍，不耐煩地猛按喇叭。

這時時速跳至 72.4，然後 88.5、106.2、125.5、146.4，最後變成 168.9 公里。你加速的速度依舊沒變，時速卻變成 193.1、

**火箭定律**

　　區塊鏈遵從梅特卡夫定律，吸引初期使用者時起步緩慢，等到高達逃逸速度，已經勢不可擋。

大學問

218.8、246.2、275.1、305.7、337.9 公里。沒多久，火焰環繞
著公車車頭，熱摩擦撕裂車側鈑件，飽受驚嚇的乘客全都死命捉
著座椅不放。

　　二次成長就像是一架發射的火箭：乍看彷彿靜止狀態，只有
發出煙霧噪音，毫無動靜。等到你發現自己升空，火箭已經衝進
軌道。我們稱為火箭定律。

　　開場白結束後，我被安排與一名波士頓的主要區塊鏈投
資人在台上進行訪談。我坐在他身旁的椅子上，上下打量了他
一番：牛仔褲、西裝外套、設計師品牌鏡架、頭髮豐盈。「芬
恩，你使用區塊鏈創辦一間創投公司，」我劈頭切入主題，
「請與我們分享貴公司的運作模式。」

　　「沒問題。傳統的創投架構是，」他解釋，「一小群名額
有限的夥伴參與投資。」

　　「他們把錢交給你投資，」我幫他翻譯，「而身為創業投
資公司的你則把這筆錢拿去投資新創公司。」

　　「正是如此。」

　　「『創業』的意思是新公司，『投資』的意思是錢。『創
業投資』是指新公司的資金。」

　　他一臉狐疑打量我：「多謝解釋。」

　　「我整晚沒睡，臨時抱佛腳苦讀《給傻瓜的創業投資》
（*Venture Capital for Dummies*）。」我開玩笑。但我不是真的
說笑。

「可以讓我說完嗎？」

「請說。」

「有了我們全新的代幣化創投公司，任誰都能夠投資，參與嶄新的投資機會……」

「讓我來拆解這一句話，」我再次打岔。「假設你們挖掘下一家臉書，由於代幣價值會迅速飆漲，所以每個擁有你代幣的人都獲得報酬。」

「人人都能參與。」

「你說『人人』，真的是每個人嗎？」我想釐清這一點。

「嗯，住在美國的合格投資人。」

「所以是指有錢人囉。」

「呃，這可是將近 10%的美國家庭。」他反擊。[58]

「所以依然算是有錢人。」

「呃，是證券法規定的。」他解釋。

我靜靜坐在那裡半晌，血液開始沸騰。天啊，沒有比這來得恰巧又能引起聽眾注意的沉默了。我故意讓沉默蔓延，直到某樣東西斷裂。

沒錯，然後……

「證券法規定的，」我重複他的話。「是啊，可是證券法過時又不適用，你知道嗎？」我撕毀手中的小抄，故意戲劇化地把它丟在地上。「你們知道我不想再聽到的 5 個字是什麼嗎？『合格投資人』。我們都應該是合格投資人。」

聽眾席傳來掌聲。總算，經過 1 年辛苦經營，我總算挖到

金礦。

「區塊鏈是去中心化運動，」我滔滔不絕，「是人民所有，獻給人民，屬於人民。但人民坐在界外線區，戒慎恐懼地等著政府通知他們該如何做！我們需要別人告訴我們怎麼做。」

「聽好，我們的責任是確定我們遵守現行證券法，」創投公司的代表方冷冷回應。「要是你想要改變法律，或是覺得法律不盡理想，我也不否認。」

「所以你同意囉。」我反擊。

他表情像是我剛才朝他吐了一口魚缸水。

「如果你不否認，不就表示你同意嗎。」我說明。

他眨眼，不太確定他剛才同意了什麼。一般來說，區塊鏈訪談都又乾又無聊。聽眾席間有幾個人雙眼圓睜，笑容一路裂到耳朵，不確定能否放聲大笑。

「何必把情況搞得這麼複雜？」我問，「何不說人人都能投資區塊鏈代幣？平衡投資市場，一勞永逸？」

「這個嘛，現行的證券法是在 30 年代制定的，」他答道，「用意是保護投資者，不會因此賭上畢生積蓄。」

「那我們也只好限制唯獨有錢人可以賭博。除非你是合格投資人，不可以上賭場、買樂透彩券、刮刮卡。你不能魚與熊掌兼得。」有幾個勇敢的聽眾鼓掌了。

「所以你想要率領一場革命……」

「我們都想率領一場革命，」我打斷他。「所有人，我就

是這個意思，我指的就是我們。我們核准政府權力，政府服務我們，可是有時政府領導無方，就像公司經營不善的股東，這時我們就勢必跳出來領導。我們得重新自我整頓，而區塊鏈讓我們辦到這件事。」

「我很好奇話題何時會再繞回區塊鏈。」芬恩譏諷，引來哄堂大笑。

「我們必須領導，」我繼續說下去，「你以為政府會懂？老兄，他們站在空氣稀薄的高空啊！我們得改寫未來遠景，否則未來會為我們寫好。現在的老闆就跟新任老闆一樣。」我公車的輪胎滾落。「我的意思是，新任老闆就跟……啊，該死。」

「你本來說得很好。」他說。

「可以掌聲鼓勵一下嗎？」我大喊，沒人回應。

「我們同意區塊鏈能改變金融、政府、商業體制，」芬恩出手救援。「這些都是強而有力的體制，它們抗拒改變。全新科技對於現狀向來都是一種威脅，往往會破壞現任者。」

「你的意思是區塊鏈迫使在位者改變，」我翻譯他的話，「不演進就等死。」

「沒錯，你說的沒錯，我們確實需要領導。我們正努力盡一己之力，嘗試稍微開放創投的限制。一步一步來，緩慢穩定贏得這場賽跑。」

「演進，不是革命。」

「你明明說你想掀起革命\*。」他露出微笑。

「大家一起來！」我突如其來帶領聽眾合唱，還真的有人唱了起來。

　　你說你想掀起革命／我們都想改變世界……

接著尷尬的場面降臨——訪談後我和芬恩在後台碰面。

我腦中預備好一套說詞。「這真的很重要，我只是想辦法把場面搞得有趣一點，好讓聽眾感興趣，所以才故意用極端方式表達我的重點。我的財力與權力無法與你匹敵，但現在我知道該怎麼使用你的語言，我已經滲透你的系統了。」

「謝謝你參與這場精采訪談。」我只擠得出這句話。

「你開玩笑吧？這恐怕是我參與所有類似會議中最精采的一場了，」他笑了，「我們真的把彼此逼到絕境！」

「這個嘛，應該是我把你逼到絕境吧。」我糾正他。

「我大學主修戲劇，」他對我坦誠，「舞台其實才是我的真愛。」

「真的假的？」我試著想像他扮演哈姆雷特的模樣。

「真的，你剛才只是為了舞台效果，我懂的。」

「你懂的。」我目瞪口呆。

「跟你說，我們下個月有一場大型投資人聚會，跟這場不太一樣。」他不屑地朝周遭揮了揮手。「來的都是真正的投資

---

* 披頭四的〈革命〉（*Revolution*）歌詞。

人、家庭辦公室、機構。我想請你擔任主持人。」

「你想要我擔任主持人？」

「我們得炒熱活動。」他告訴我。

「我們得炒熱活動。」

「我會請我的團隊協助準備。」我們握手。「我們預算有限，不過我們會請你跟投資人吃飯應酬，這是拓展人脈的絕佳場合，也可以增加曝光率。」

我太驚訝了，我還沒意識到，他已經讓我答應免費幫忙。「活動會在哪裡舉行？」我問。

「麗思卡爾頓飯店。」

這叫預算有限！

我輕飄飄地離開會議，內心有個鎖解開了。又是一場免費演出，但是在麗思卡爾頓飯店和百萬富翁用餐，聽起來倒也不賴。

我回想起火箭定律：似乎長時間毫無動靜，接著趁你一個不注意，火箭升空，攀到逃逸速度，勇往直前衝上軌道。

不過世事難料，開創事業還是不容易，我們真的能上軌道嗎？抑或火箭會在壓力之下分崩離析？

# 第 33 章

# 24 小時交易不間斷

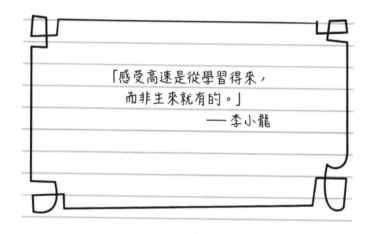

「感受高速是從學習得來，
而非生來就有的。」
—— 李小龍

沒有乒乓球桌。

我失望透頂。我人正在麻省理工學院：世界的科技首都！學霸的殿堂！$r$ 半徑裡肯定有 $n$ 次方的乒乓球，但我解不出 $n$。

我先是向中國主辦方說明，為何講區塊鏈時需要乒乓球桌，接下來又試著把乒乓球桌塞入我的迷你電動車、收到球桌運費報價。我可是為此練習了好幾週！然而乒乓球是一種講求

技巧的比賽，不能靠蠻力取勝。接受慘敗的我只好改而準備乒乓球影片。

「我今天想先從一樣東西說起，」我劈頭就說，「乒乓球。」

我正在對波士頓中國投資俱樂部成員演講，這群生於麻省理工學院史隆管理學院的人，該校打造出不少身價百萬美元的科技新貴。區塊鏈投資在中國氣勢如虹，主要也是因為中國政府近來禁止首次代幣發行（簡稱 ICO）。

如今所有資金都移往香港及美國。這也是我站在麻省理工學院演講廳、對一小群中國投資富豪演講的原因。大多人都不曉得我是誰、我在說什麼，或者我為何要提到乒乓球。

「沒錯，乒乓球，」我重複，「我們兩個偉大國家發生了大規模貿易戰，而這其中的危機是我們陷入另一場冷戰，就像50 和 60 間的那場冷戰。」我說的好像自己人在中國，其實現場大多數投資人都是美國公民。

「有人記得我們當初如何終止冷戰嗎？」我問。

「全靠乒乓球！」後面一位老先生嚷嚷。

「全靠乒乓球。」我給了他一個大拇哥，按了下一張投影片。「這是中美兩國最強隊伍在打乒乓球的畫面，我們稱之為『乒乓球外交』，後來演變成這樣。」按下一張投影片。「毛澤東和尼克森總統會面。雖然他不是我們最優秀的總統，但也算不上是最差的。」笑話輕而易舉引人發笑。

「有誰曉得這個男人是誰？」我點了下一張投影片，有隻

手舉向半空中，「他是誰？」

「馬龍。」一個打扮光鮮亮麗的女性回答。

「馬龍！」我大吼，音量宏亮到連自己都嚇了一跳。「2016 年夏季奧運賽，我和我老哥可敬可畏地觀看中國桌球選手馬龍的表現，根本就是小迷弟來著。當他使出一記正手扣殺時，我們會出現這種反應。」

我兩手圈起嘴。「馬 — 龍 — ！」

他們或許是瘋狂亞洲富豪，但他們正盯著瘋狂小康的我。

「看好了。」我說，然後打開一支 YouTube 影片。影片中，馬龍正對上日本世界冠軍水谷隼。雙方的凌空擊球越顯白熱化，僅距離桌面幾 10 公分，兩人全力以赴揮著球拍，乒乓球模糊到看不清。最後馬龍控制力道，揮出決勝一球，乒乓球以幾公分之差撲空桌面落地。馬龍得分。影片中的觀眾陷入一陣瘋狂，就連會議室的人都屏息以待。

「吼出來！」我邀請大家，雙手圈起我的嘴，「馬 — 龍 — ！」

他們照做了！眾人節奏一致地喊出馬龍的名字。

「我的重點是，比賽也可以有趣，可以是一場遊戲。政治家談貿易戰，可是遊戲跟戰爭相反，遊戲人人皆可參與。」接著我說起萊斯特的故事。

##  仔細聆聽每個人的聲音

我住在波士頓的郊外小鎮,這座小鎮讓我在市鎮會議上品嚐到直接民主的滋味。定期開會是 17 世紀小鎮創立以來就存在的習俗,鎮民會依約前往,針對不同政策和預算等議題投票。

我從中學到,直接民主其實辛苦。有位老先生(暫且稱他為萊斯特)對你想像得到的每個話題都有意見。某場市鎮會議上,我們討論動物管制局該如何處理地鼠的事。

每個人都有 3 分鐘的發言時間,而萊斯特從沒放過一次機會。老萊斯特拖著步伐走向麥克風:「地鼠很可惡!」他宣告:「牠們會挖你的後院,翻起你的草,在洞裡交配生寶寶。快去買把獵槍吧!」

萊斯特對地鼠足足抱怨了 3 分鐘。

另一場市鎮會議的討論重點是快速道路局(其實根本沒有快速道路,只有一個停止行進號誌)。快速道路局能否砍伐一根腐敗的碩大樹墩?有個女人(暫且稱她為朵樂蕾),極力挽救這根樹墩,彷彿這截樹墩就是她先夫的墓碑。

「那棵樹裡住了一個松鼠家庭!」她大喊,淚水瀕臨潰堤。她把樹墩抬舉成樹。「那幾隻松鼠融化了行經路人的心!」我耐著性子坐著,試著回想這輩子是否有哪隻松鼠或嚙齒類動物曾融化我的心。

我們市鎮會議主席的耐心簡直跟聖人有得拚。半個鐘頭過去,我開始精神失常。我的意思是,我的工作跟網際網路有關,人人都想在午餐前賺進 100 萬美元,整整 3 分鐘都在講地鼠的事?用 90 分鐘討論樹墩?

但民主就是這麼一回事。當我們說人人都有發言權,確實是每一個人:不只是最聰明絕頂、口條清晰的人,也包括那些在家閒著沒事幹的人。

民主的夢想是一人一票,但當你真的處於這場美夢之中,反而可能變成夢魘。這一點從今日的全球區塊鏈社群就可見一斑,當真會煩到吐血。

## 想辦法,別分歧

我有一個實例可分享。比特幣越來越受歡迎,比特幣網路卻運作遲緩,耗用過多電力,付款變得過於昂貴,網路需要更新,但什麼才是最適合的前進之路?

我們得仰賴比特幣的核心研發人員,每一個研發人員都有自己的解決之道。一般來說,人們會在網際網路信息板上提出解決方法,並且加以討論(這主意太蠢),最後演變成脣槍舌戰,英國 BBC 迷你電視劇真實上演。

通常某團隊的解決方法獲得好評而勝出,此時其他團隊就決定分道揚鑣,導致

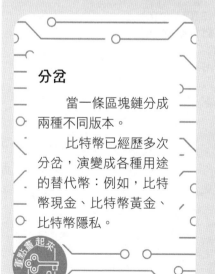

### 分岔

當一條區塊鏈分成兩種不同版本。

比特幣已經歷多次分岔,演變成各種用途的替代幣:例如,比特幣現金、比特幣黃金、比特幣隱私。

重點畫起來

比特幣分岔，這就像我們為會計帳本製作一份影本，而自某個時間點起，帳本分成兩份拷貝 ── 如果有助於你了解，也可以説是平行時空。

　　真民主不容易，而區塊鏈是一種真民主。區塊鏈與人息息相關，但許多區塊鏈研發人員的人際手腕不高，想辦法的同時很容易就淪為分岔，可是我們必須團結一致，分歧就只有末路一途。

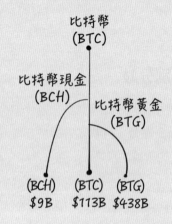

### 管理體系

　　管理區塊鏈計畫變更的體系，部分被編寫入區塊鏈區本身（好比法律），部分則仰賴監督該體系的人（好比政府）。

我們需要的是更優良的管理體系、良性對話及辯論論壇。我想像一個區塊鏈的聯合國，帶頭的研發人員聚首，提出個人的演算法，討論解決問題的方法。我們可以加個標籤，變成 # 提出解決之道。

　　我想像中的做法就像是親自參加會議，效法美國鄉間的市政廳會議或瑞士的市民會

議，會有一個會議主席，人人都有 3 分鐘的發言時間，接下來正式投票。而現場絕對需要一張乒乓球桌。

你可能會想，要是區塊鏈那麼民主，為何不能在區塊鏈完成這些事？這就好像你設立財政政策時，也不能參考你的會計帳本。人們需要打一場乒乓球賽，共同決定。

為區塊鏈編碼就好比為一個國家制定法律，需要規畫、程序、倡議、讓政府打一場乒乓球賽。這也是為何我們稱這個亂七八糟又美好的程序為管理體系。

如果我們能找到最適當的直接民主程序，並且套用在區塊鏈，那我們（也就是人民）就有可能征服世界。但這點稍後再談。

打一場乒乓球賽很耗力（你問馬龍就知道了），極需耐心與持久力，也需要我們耐著性子聽萊斯特說完他想說的話。

　　一個銀白鶴髮的投資人舉手：「所以基本上你的意思是要大家同心協力。」

　　「嗯，良性競爭讓大家進步，」我回答。「『良性』就是關鍵字。」

　　「我覺得你太傻太天真。」他回道。

　　「或是充滿希望。」我回以微笑。

　　一名打扮亮眼的年輕女子舉手。「現在中國對 ICO 下禁令，」她說，「我很好奇你對管轄權套利的看法。」

　　「管轄 ── 不好意思，妳說什麼？」

　　「管轄權套利。」

「我還是不懂。」

「管轄……」

如此這般尷尬的對話持續了一段時間,跟我想像中的乒乓球賽相距甚遠。

管轄權套利。「管轄權」＝領土、地點。「套利」＝利用價差自肥。所以是利用不同管轄區之間的價差剝削自肥?

「我想我們會發現資金流向其他領土,」我即興發揮,試著拖延時間,想辦法釐清這 5 個字的意思。「投資的美元會流到其他地區。」此時我已經不曉得自己在說什麼。「香港、南韓,」我只是一一念出亞洲國家的名稱。「北韓。」

我應該直說:「我不懂這問題的意思」我心想。我為何不敢坦承自己不懂?在內心默默發誓今後不要再犯這種錯。

「正是如此,」她說。至少我們之中有人對這個回答滿意。「區塊鏈經濟很全球化。」

「每天 24 小時,世界各地交易不間斷,」我贊成,「永遠不眠的區塊鏈。」

「但要是你想要投資區塊鏈,你的國家禁止的話該怎麼辦?」

「妳可以搬到其他地方,」幾個人咯咯笑了。「有些思想前衛的政府打造區塊鏈友善環境,吸引投資者和企業家前往,波多黎各甚至有大規模的區塊鏈社群,他們用的是美金,但對稅金比較好。」

管轄權套利!就好比蘋果公司在愛爾蘭開設一間大辦

公室，偷吃友善稅法的豆腐。這就是她的意思！「管轄權套利。」我指著她，下了總結。

馬 — 龍 — ！我內心暗想，還以為自己使出一記正手拍扣殺，事後才得知對亞洲人而言，用手指指著他人是很不禮貌的行為。

「謝謝發問，感謝各位寶貴的時間。」我稍微鞠躬收尾。底下傳來禮貌性的掌聲，我拔掉筆電的電線，準備讓位給下一個已經走到講台、站在我面前的講者。

我禮貌地微笑，試著拔除我的視訊配接器，HDMI 傳輸線卻意外卡住。整間會議室變得死氣沉沉，我盡全力拔下傳輸線時，時間慢了下來。

我的手裡還拿著遙控器，我把它收回保護套內，共耗費 15 分鐘。下一名講者還在等我，滿臉笑容地點頭致意。我笨手笨腳摸索我的滑鼠，放進背包。我幹麼準備帶那麼多周邊設備？不會連印表機都帶來了吧？

與此同時，室內鴉雀無聲。沒人使用筆電，沒人講電話，全部的人都禮貌地等候我，滿臉笑容地點頭致意。時光荏苒，我的小孩都大學畢業了。

這會兒我總算把筆電收進背包，像是打包好一箱沉甸甸的盤碟，準備運送海外。裹上氣泡棉、貼上標籤，現在再一張張貼好郵票。我已經死去，轉世輪迴成一隻驢子。

最後，我總算大包小包步下講台，一副準備登上阿帕拉契山徑的模樣。這時我才恍然大悟，原來一直站在旁邊的人不

是講者,他只是等著向我獻上一份感謝小禮。他雙手奉上一個打著精緻蝴蝶結的盒子,裡面擺著一枝印有中國國旗的漂亮鋼筆。聽眾拍手。

　　過了幾個夜晚,我會利用這枝筆,得出一個重要的領悟。

# 第 34 章

# 代幣經濟是尚無人探索的專業

「抱歉遲到了，」我甩掉外套上的雨珠。「外面天氣很惡劣。」

「我們才剛開始，」科克說，「今晚玩淘金者。」

「最近如何？」伊凡問，拉了張椅子過來。

「就像在外面這種雨天裡跑馬拉松，」我打開氣泡礦泉水的拉環。「褲袋裡還裝著一隻雪貂。」

「我能說這就是區塊鏈嗎？」阿班想要搞清楚。

「這就是我目前的人生。」我嘆了口氣坐下。

「最近的比特幣價格如何？」

「別問了。」

「你們還記得遊戲規則吧，」科克解釋流程，「我們圈地為己有，有些土地有黃金，有些則只是愚人金，有些兩者皆有。」

「我沒辦法一一告訴你，多少全新區塊鏈計畫是由黃金支持。」我說。

「那有多少是由愚人金支持？」阿班問。

「你們知道美國政府廢除黃金標準，好終止其他國家掠奪我們的黃金供應？」伊凡開始侃侃而談，「如果黃金支持美元，你可以把 100 萬美元拿去換 100 萬美元等值的黃金。其他國家會加購美元，然後買光我們的黃金。」

「以過去來說，黃金標準是好方法，」阿班在地主卡上押 1 枚代幣。「政府要繼續鑄造黃金才印得起鈔票，畢竟貨幣需要以真實價值支持。」

「所以我們今日的貨幣是由什麼來支持？」科克問，然後抽了一張牌卡。

「信任，」我回答，「就跟其他事物一樣。不過要是政府持續印製鈔票錢幣，就可能破壞信任感。」

「我查過的區塊鏈計畫不少都有同樣問題，」伊凡分享他的觀察。「即便剛開始多少有些價值，它們卻保留印製更多代幣的權利，而這麼做會導致大家的代幣貶值。」

「請加以闡述。」科克說。

 **黃金錢的寓言**

想像一下，有兩個政府，一個政府的貨幣定量，有黃金儲備支持，所有「黃金錢」皆可換成一盎司黃金；另一個政府沒有黃金，只隨心所欲印出「空氣錢」。

對區塊鏈投資人來說，這概念很關鍵。有些代幣（例如比特幣）編碼時已經有固定供應數量，共有 2 千 1 百萬枚比特幣，到此為止，不再追加。

其他代幣則可以隨著需求增量。假設空氣幣共有 1 百枚，你擁有 10 枚，抑或空氣幣供應量的 10%。由於空氣幣背後的團隊需要募資，於是又加碼製作了 9 百枚代幣，並以良好匯率銷售（出售時匯率降低）。

**代幣經濟**

區塊鏈代幣的經濟學 —— 包括今日尚有的數量，以及日後是否還會製作全新代幣等。

現在你擁有 1 千枚代幣中的其中 10 枚，或者總量的 1%：他們「印製貨幣」，憑空製作出代幣，害你的投資貶值。

不過當然，這種事在真實的經濟學中司空見慣。政府不斷印製沒有實際價值可支持的貨幣，背後並不具真實價值，大家只能信任新貨幣跟舊貨幣一樣好。

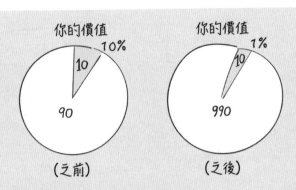

「可是難道不是所有代幣都是憑空製造出來的？」某個半信半疑的人可能會問。一開始是沒錯，不過一旦該經濟體的價值確定，任何預期外的新代幣將會「沖淡」所有代幣價值。也正因如此，該經濟體（在這裡是「代幣經濟」）的規則就變得十分重要。

代幣經濟是一個尚無人探索的專業，優秀行家少之又少。如果你的孩子準備上大學，請他們雙主修經濟學和電腦科學，在未來幾年，代幣經濟將會很有賺頭。

「這就是問題所在，」阿班插嘴，「我還是搞不懂區塊鏈的價值。我是價值投資客，專找大公司，然後買下他們的低價股票。」

「交易時價值優良的股票。」我同意，丟出一張牌卡。

「你也知道，典型的價值公司是像冰雪皇后或亨氏（Heinz）這種公司，品牌優良、經濟良好、股價優質，這就是價值所在。」

「我覺得價值來自我們都相信它具有價值這件事，」我聲

明，「看看特斯拉就知道了。」

「阿班剛下訂一輛全新的特斯拉。」科克告訴我。

我拱起眉毛：「恭喜。」

「謝了，」阿班繼續說，「我的重點是，你得找出衡量區塊鏈價值的方法。」

「我們在努力了，」我哀嚎，「可是哪有那麼簡單。我們知道區塊鏈與人息息相關，」這是我第 100 次說這句話，「區塊鏈上的人越多，價值就越高。這就是網路效應。」

「所以為何不把區塊鏈總值除以使用者人數？」

「事情沒那麼單純，」我用一張地主卡圈地。「有的區塊鏈屬於私人性質，人們擁有好幾個加密貨幣錢包。」

「那就以整體看待區塊鏈市場，」華頓畢業生伊凡建議，他丟出最後一張牌卡，「結束。」

我靈感乍現，在雨水浸漬的口袋中摸索我的 Moleskine 筆記本和中國鋼筆，潦草地筆記下來：

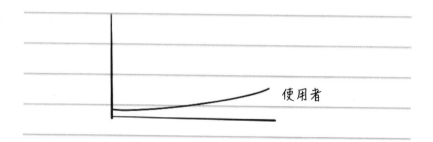

　　「我們假設區塊鏈投資客的數字呈線性成長，」這時科克正在計算每個人的分數。我勾出另一條線。

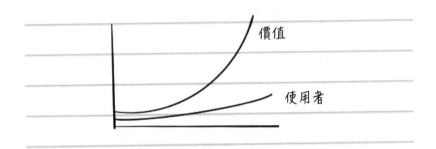

　　「所有區塊鏈的總值都應該像這樣成長。」二次成長。網路效應。「越多使用者加入，區塊鏈就對所有使用者越有好處。火箭定律。」

　　「真有意思，」伊凡觀察。「要是代幣數量固定，每枚代幣就會因為在網路裡『保有』高價值而增值。」

　　我思忖片刻。「價值來自於人。」

　　那還用說！

　　這感覺好像我釋放了腦中的猛虎，我匆匆忙忙寫下筆記：

$$\frac{區塊鏈總值}{區塊鏈總錢包} = 每人價值！$$

沒錯了，肯定就是這個公式。

這將是我們評估區塊鏈市場價值的依據，可以當作「護欄」，說明區塊鏈市場是否價格過高或過低，雖然不盡完美，也夠接近了（見參考指南三）。

「阿班，一間公司的價值來源為何？是人。收益、利潤，什麼都好，這些都是由人帶動的。」

「也許吧。」阿班順著我的意思說。

「不是也許，」我轉過 Moleskine 筆記本，用中國鋼筆輕敲著筆記本。「一間公司必須先生產具有價值的商品，才能吸引顧客，但顧客也會為公司帶來價值。區塊鏈必須為人帶來價值，但人也為區塊鏈創造價值。測量人，你就能得出價值。」

「呃，猜猜贏了這場遊戲的是誰。」科克宣布，他正注視著我。

第 **35** 章

# 成為資產配置的一環

全球區塊鏈高峰會一點也不全球。

而且根本稱不上高峰會。

他們邀請我（免費）演講時，原定場地是波士頓某大型圓形露天劇院，網站提到會提供高級饗宴、幾百名參加者、來自世界各地的商業精英領袖，我怎麼好意思拒絕？這可是全球區塊鏈高峰會啊！

而今，我站在一間小型共享辦公室的大廳內，瞥入或許至多十來人的玻璃會議室。一隅，吃了剩一半的披薩哀傷地垂掛在紙盒邊，溼糊糊的沙拉散落在桌面上。

然後我認出一張我在網站上看見的面孔：安排在我前面上台的講者，我本來很期待聽這一位哈佛學者演講。他慢慢走上前時，我們兩人四目相接。「浪費我的時間，」他含糊道，然後直接出門上街。

那一刻，逃跑的念頭閃過我腦海。

「約翰，歡迎你來！」「全球」區塊鏈「高峰會」的主辦人向我熱情打招呼。

「桑迪普，嗨。」為時已晚。

「真開心見到你！」他奮力搖著我的手。「要不要喝點水？」他的手指向擺在地上的那箱瓶裝水，塑膠包裝膜被飢渴的大熊扯得面目全非。

「我喝超飽的，謝了。」

「太好了！下一個換你上場。我們最後幾名講者臨時取消，等你準備好就可以上台了。」

幾分鐘後，我連接上牆面的小電視螢幕，對 9 個人演講一篇我為了 900 人準備的講稿。

 ## 數一數你的雞

我家人擁有一窩雞。真是萬萬沒想到，雞居然會生蛋。

我知道這聽起來很扯，你本來以為雞蛋是工廠製造，最後以紙箱裝箱對吧，沒想到雞蛋是動物產的，由雞坐在窩裡下蛋。大自然，總是教人意想不到啊！

取得新鮮雞蛋很好，要是你和產蛋的雞很要好更棒。敲碎新鮮蛋殼時，蛋黃黃澄澄，有別於商店買到的稀薄蛋黃，新鮮雞蛋充滿營養素和對身體好的成分。

我們剛買下雞時，我心想：免費雞蛋耶！但是後來才恍然大悟，雞蛋絕不是免費的。這些雞就生活在倫敦藝術學院團隊設計的後現代雞籠，吃著高檔混合堅果乾。冬天有電暖爐保溫，以每顆蛋的成本來計算，每顆蛋大約要價 1 美元。

冬天時雞不會下的蛋比較少，於是我會去雞籠，為牠們加油打氣：「加油啊，小母雞！」我大喊。（這不是性別歧視，只是提醒牠們自己的身分。）「來生蛋吧，各位女士！」

老爸想來點早餐！」幾個鐘頭後，我透過窗子嚷嚷：「有蛋就快生啊！」

「有人告訴我，產蛋跟日照有關，所以冬天可以在雞籠裝設室內燈光，讓牠們下更多蛋。我心想：「真好，牠們這下還要日曬沙龍。」

「不好意思，」一個穿著寬鬆上衣、綁著馬尾的先生打斷我。「我不懂這跟區塊鏈有啥關係。」

「我快要說到重點了。」

「接下來會講到區塊鏈變革供應鏈的事嗎？」

「不會。」

他激動地撫著自己的鬍子。「有趣的是，我們可以利用去中心化帳本技術追蹤雞隻。當然必須重啟共識機制，才能進行無信任交易。與其權益證明，我們可以擁有權威證明，而這個呢……」

他就這樣說了足足 3 分鐘，我被暗算來這裡演講，心情已經夠煩躁，現在《辛普森家庭》的宅神又暗算了我一記。我的視線迅速掃向聽眾席，查看眾人反應，發現他們的眼神閃爍著乞求信號。

「我們何不結束後再來進行問與答，」我建議，「或至少

中途再開放發問？」

　　他的雙臂在寬闊胸前交叉：「非常好。」

　　每隔幾天，我們就會去雞籠蒐集雞蛋，把它們放進長方形的冰箱蛋盒內，收進車庫冰箱，準備大嗑一番時再送到樓上的冰箱。

　　一打蛋要價 12 美元，想當然你會小心翼翼呵護這些珍貴的新鮮雞蛋，簡直是鑲金的蛋。所以當蛋盒不小心撞到車庫冰箱門，我沒拿穩把蛋摔在地上時，你可想而知我的沮喪。憂愁的蛋黃，一場螢光黃色的災難，對我而言這就是車諾比。

　　「沒事沒事！」我嘶喊，「稍微弄髒罷了！還可以做歐姆蛋！」我衝去拿了幾個紙箱來，從車庫地板剷起雞蛋。

　　簡直可怕死了，沙粒碎石和引擎油全跟雞蛋混成一塊兒。偶爾會有雞溜進車庫，在那裡留下牠們的小小紀念品，而這也一併混進蛋液。果真是滿滿的地板歐姆蛋，簡稱地蛋。

　　每本投資書都教你別把所有雞蛋放進同一個籃子內，畢竟要是你一個沒拿好，連籃帶蛋摔在地上，就全盤皆毀。說得很有道

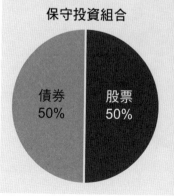

**保守投資組合**

債券 50%　股票 50%

理，可是你也得先有多餘籃子啊，否則就跟我一樣，一次一顆在雞籠和樓上冰箱之間來回運送雞蛋。

　　假設 2015 年你以 1 萬美元投資 50％股票、50％債券的典型組合，牛市正旺，3 年後 1 萬美元漲至 1,2020 美元，你恭賀自己：賺入 22%呢。

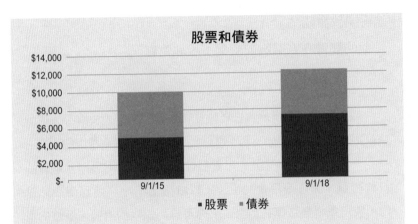

現在假設你採取多樣化投資，把 1 萬美元的投資組合分成
65%股票，25%債券，10%比特幣，換句話說，你把 9 萬美元放
入你的「典型」投資組合，剩下 1 千美元則投資在名叫比特幣的
新玩意兒。3 年後，你的投資組合價值將會 4 倍成長，超越 4 萬
2 千美元。

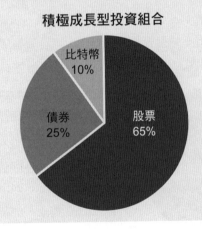

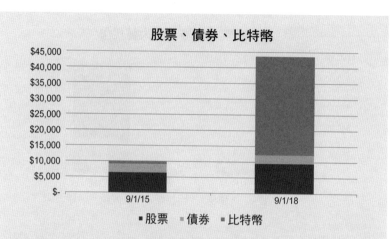

再假設你把 9 千美元投資在「典型」組合，分別是 65％股票和 25％債券，最後 1 千美元則採多樣化投資，投資在 3 大替代幣：比特幣 500 美元、以太幣 250 美元、瑞波幣 250 美元。3 年後，1 萬美元的投資價值將超越 9 萬 3 千美元。

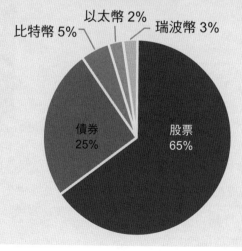

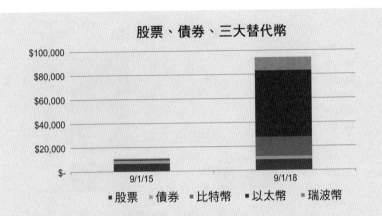

這張圖表恐怕會讓我們的理財顧問心臟病發作。是什麼樣的投資能在 3 年內成長 9 倍？為何他們對此一無所知？以下是一張說明比較 3 年來三大投資策略的圖表。[59]

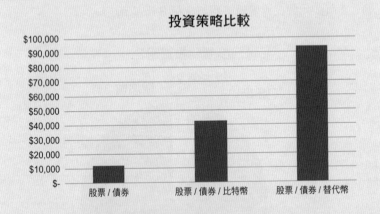

我們買入整體股市指數股票型基金，為股票投資添加多樣化，買入整體債券市場基金，為債券投資更添多樣化，接著加入最多 10%的多樣化區塊鏈投資，盡量把雞蛋放在不同籃子裡，才不會落得一地散蛋的下場。

「不好意思，但我今天來是想學習區塊鏈的知識，」宅神又打斷我。「這可是全球區塊鏈高峰會。」

「一點也不全球，」我反脣相譏，「也不是高峰會。」

「投資人真正想知道的，」他繼續說，「是 SHA-256 雜湊演算法如何在默克樹上儲存資料，才不需要法定貨幣就能核准無信任交易……」

我冷靜走到連通會議室的盥洗室，讓他一個人繼續講個夠。我不疾不徐，好好洗了個手，按下手烘乾機按鈕，在那個狹小空間裡，噪音簡直形同戰鬥機的渦輪發動機。

等到我回來，全場一片安靜。

「就如我剛剛說的……」我繼續講下去。

結論如下：

- 我們的首要任務就是把整體投資組合變得多樣化，把派餅切割成互為平衡的塊狀。
- 第二項任務是有時間和興趣的話，可以把區塊鏈投資組合變得更多樣化。

用這種方法把雞蛋放進數量剛剛好的籃子，才不會讓蛋黃灑滿地。

「真是多謝你的視而不見，」全場只有他一人大笑。「真的感激不盡。」

我話已經講完,於是決定結束演講。「感謝各位寶貴的時間。」我稍微鞠躬。

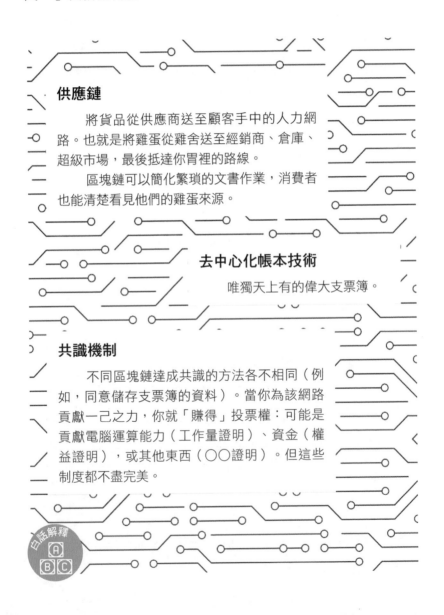

## 供應鏈

將貨品從供應商送至顧客手中的人力網路。也就是將雞蛋從雞舍送至經銷商、倉庫、超級市場,最後抵達你胃裡的路線。

區塊鏈可以簡化繁瑣的文書作業,消費者也能清楚看見他們的雞蛋來源。

## 去中心化帳本技術

唯獨天上有的偉大支票簿。

## 共識機制

不同區塊鏈達成共識的方法各不相同(例如,同意儲存支票簿的資料)。當你為該網路貢獻一己之力,你就「賺得」投票權:可能是貢獻電腦運算能力(工作量證明)、資金(權益證明),或其他東西(○○證明)。但這些制度都不盡完美。

白話解釋
ABC

### 無信任

　　區塊鏈極客喜歡稱之為「無信任」，這 3 個字很讓人摸不著頭緒，意思是「讓你能去相信某個素昧平生的人」。

　　更好的用詞是「信賴」。

### 雜湊演算法

　　故意將資料散列雜湊，讓他人讀不懂。

　　作為區塊鏈核心的科技密碼學會運用雜湊法，保護敏感資料。

### SHA-256

　　全名是「安全雜湊演算法」，是一種非常安全可靠的資料散列法。

### 默克樹

　　以電腦科學家瑞夫·默克（Ralph Merkle）命名，方便在大型資料集裡查找價值的有效方法（例如在整個區塊鏈裡搜尋時使用的方法）。

### 法定貨幣

　　美元、英鎊、歐元等都是。

大廳裡，有個裝扮時髦的男士在沙發上對我露出微笑。「真是煎熬，」他笑了，「不過很有娛樂效果。」

「你這兩句話我都贊成。」我搖搖頭，然後和他握手。「在下約翰・哈格雷夫。」

「我在波士頓有幾間共享辦公空間，」他繼續道。「我們正在討論展開區塊鏈孵化器。你有興趣加入嗎？」

「恐怕要看情況，」我疲憊地回答。「你的公司叫作 TechLab 嗎？」

「怎麼可能，」他答道，「TechLab 是我們的競爭對手。我們是真的有心打造波士頓區塊鏈社群，」他又壓低音量說，「要是我們聯手，我有信心絕對會強過這場全球區塊鏈高峰會。」

「告解室的聽眾都不只這些了。」我說笑。

「噢，不用擔心，」他啞然失笑，「我們必定會引來大批聽眾。」

# 第 36 章

# 複製區塊鏈富翁的成功祕訣

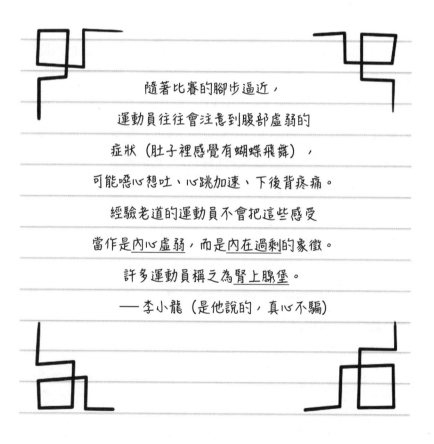

隨著比賽的腳步逼近，

運動員往往會注意到腹部虛弱的

症狀（肚子裡感覺有蝴蝶飛舞），

可能噁心想吐、心跳加速、下後背疼痛。

經驗老道的運動員不會把這些感受

當作是內心虛弱，而是內在過剩的象徵。

許多運動員稱之為腎上腺堡。

——李小龍（是他說的，真心不騙）

　　公開演說有個小祕密：多轟炸幾次就對了。

　　轟炸有區域之分。即使你的腦袋會在之後那幾天以精采片段折磨你，但等到再次轟炸，之前在公開場合的尷尬難耐就會消逝，重新展開全新一輪痛苦。

　　多轟炸個幾次，你就會寬心領悟：你撐得過去的。我的轟炸次數超越德國空軍，現在還不是活得好好的。失敗讓你變得堅強，讓你有勇氣嘗試新事物。轟炸能為你帶來寶貴禮物：歐巴馬總統稱之為「無所畏懼」的禮物。[60]

　　儘管如此，在登台面對 2 千 5 百名聽眾前，我還是差點嚇到尿褲子。

　　世界加密貨幣會議（World Crypto Con）在拉斯維加斯的阿麗雅會議中心（Aria Convention Center）登場，大演講廳內擠滿想要學習賺錢術的區塊鏈投資客。我很緊張，但讓我緊張的不是聽眾人數，而是演講內容。

　　「你還好吧？」舞台經理問，他把無線麥克風線穿入我的襯衫內側。「需要喝點水嗎？」

　　「不，我想保持腦袋清晰。」我面無表情。

　　「好，」他把接收器別在我的皮帶上。「你以前曾經在超大螢幕前面演講嗎？」

　　「有一次，在我表哥的婚禮。」

　　「很多人都覺得蠻令人分心的，盡量別去看螢幕你就會沒事。」

　　「盡量別去看超大螢幕，」我復述一次。「可是超大螢幕

就在我眼睛正前方。」

「是在你背後。你只要看眼前的小螢幕就好，這樣就看得見你的簡報內容。你想要來點入場音樂嗎？」

「入場音樂是一定要的，」我回答，「給我活潑有朝氣的音樂。」

「我會轉告 DJ。」他在寫字夾板上備註。「等下燈光會打得很亮，所以你看不見任何人。」

「還有什麼要補充的嗎？」我納悶。「我要閃躲從天而降的磚塊？」

「如果有人對你砸磚塊，當然要閃。」他面無表情。

「請熱烈歡迎，」主持人大吼，「即將成為下一本暢銷書《區塊鏈——下一波散戶投資錢潮》的作者：約翰・哈格雷夫！」

電子音樂震耳欲聾，色彩繽紛的聚光燈激烈舞動，眼前傳來瘋狂的混亂、喧囂、聲音，某處還有我看不見的男男女女。

「有多少人想成為區塊鏈億萬富翁？」我對著眼前的超新星嘶吼。掌聲熱烈響起。

「過去 1 年來，我研究區塊鏈億萬富翁，」我開門見山地說，「觀察並且複製他們的成功祕訣。一般來說，通往財富的道路共有 3 條。」

1. **他們本身就是比特幣早鳥**。但他們不只是買，還抱持堅定信念。就拿溫克勒佛斯（Winklevoss）兄弟來說，他

們對剽竊臉書的馬克・祖克伯提出告訴，並用這筆勝訴的金額投資比特幣。但他們可不是只有買，還很沉得住氣。每次市場崩盤時，他們都沉得住氣，甚至發明一句名言：「斯巴達沉得住氣。」

2. **他們打造高價值的區塊鏈**。這些人不是投資者，而是發明人。就拿以太坊創辦人韋特力克・布特林（Vitalik Buterin）來說，這名 19 歲的天才發現區塊鏈不只能用在比特幣上，還能用在去中心化應用程式（dapps）。而他並不是為了發大財才發明區塊鏈研發平台，而是為了創造具有價值的東西。不管怎樣，投資客在以太坊投入幾 10 億美元巨額，所以就算他不想要，最後還是發了。

**Dapps**
　　人們對儲存在區塊鏈的資料達成共識。有好幾種達成共識的方法，我們稍後會再討論。

白話解釋
Ⓐ
ⒷⒸ

**DWeb**
　　「去中心化網路」的縮寫，意指 dapps 的整體生態系統，正如「網路」指涉網站的整體生態系統。

白話解釋
Ⓐ
ⒷⒸ

3. **他們聰明投資大型區塊鏈計畫**。區塊鏈龍頭已經不需要工作，那他們忙些什麼？他們把錢拿去再投資全新

的區塊鏈計畫。就好像大富翁遊戲中，在聖詹姆斯廣場
蓋飯店錢滾錢，接著再投資馬爾文花園飯店，所得入袋
後，你又能在最高檔地段勃德路蓋飯店。遊戲結束。

「中本聰的遠景是開源貨幣，」我從口袋中摸出 1 張鈔
票。「我們以後再也不需要這玩意兒。」我戲劇性地把 1 張美
元鈔票撕成兩半，聽眾歡聲雷動。

「但既然都是開源貨幣了，我們為何堅持不放手？」我的
視線正好捕捉到超大螢幕，一時之間愣得說不出話。我的頭被
放大至會議中心的尺寸，螢幕中的人模仿著我的一舉一動，只
不過延遲了半秒。我迅速轉過頭。

「讓我告訴你們一個真人真事，」我繼續道，「我的教會
有個年輕人前往非洲，花了近一年的時間從事人道工作，那是
世界最貧窮國家之一。他面臨非常困苦嚴峻的生活條件：睡在
蚊帳底下時，蟑螂在他四周爬來爬去，還得想方設法從飲食中
攝取足夠營養，並且在沒有道路橋樑的情況下，盡力協助當地
人獲得最基本需求。」

「幾週前我跟他見面，目前他和家人同住，他們波士頓的
家美輪美奐，於是我問他：『從非洲回來這裡是什麼感覺？』
他遠目望向他方，像是某個飽經戰爭的老兵。」我停頓。

「看見一個年紀如此輕的人眼底藏著難以言喻的哀傷痛
楚，真的令我非常震撼。他告訴我：『主要是憤怒吧，因為這
讓我想起我們是這麼富有，可是世界其他角落的人依舊過著貧

苦生活。』」

室內安靜到你可以聽見原子筆墜落地面的聲響。「我很欣賞比爾‧蓋茲和巴菲特等億萬富翁發起樂施誓約（Giving Pledge），邀請其他億萬富翁捐贈所得，讓世界變得更好。」我越說越激動：「新一代的區塊鏈億萬富翁也必須這麼做。」

嘉賓掌聲鼓勵？沒有掌聲。也許我應該再撕幾張紙鈔。

「我們正在建造一個理想的居住環境，而我想居住的世界不是只讓自己發財，而是讓全世界變得更美好。人人享有財富，而不是只有富人享有財富。」

前面幾排的人稀稀落落鼓掌。我點開一張世界地圖，在超大螢幕上放大至幾近實際尺寸。

「想像一下資金就像河川，流經世界各地。擁有健全金融體制的國家彼此之間的資金河川流動，滂薄浩瀚：模樣很像粗線。而基礎建設不足的國家，好比辛巴威和委內瑞拉，則是涓涓細流般的小溪，長得很像細線。」

「今日有 20 億世界人口沒有銀行帳戶，[61] 20 億！如果你來自窮國，移居美國為生活打拚，請問你要怎麼匯錢給家人？匯款遲緩昂貴，銀行又無法正常運作，制度崩塌敗壞。」

掌聲稍微變多了，熱度持續上升。「比特幣和替代幣可以解鎖財富和價值的流動，就像移除深陷溪水中央的障礙物。但各位，事實是比特幣並非免費，匯款需要手續費。也無法擴大：隨著區塊鏈的規模壯大，速度也逐漸放緩。很多人都不信任比特幣。」

「所以我的遠景超越比特幣。我們需要一種符合以下 4 項要件的數位貨幣。」

- **免費（Free）**。我說的不是手續費低的數位貨幣：而是零手續費。說起價格，沒什麼能比得上免費。
- **即時（Instant）**。從世界各個角落，從錢包即時匯款。匯款速度應要有如光速。
- **可擴展（Scalable）**。我們需要能夠支援全人類的數位貨幣，每天交易量上兆。
- **可信賴（Trusted）**。所有貨幣制度的根基是信任。我們的言行舉止必須能夠建立信任感，信任感就是我向你索取的費用。

「免費、即時、可擴展、可信賴，縮寫即是 FIST。」我點開最後一張投影片：一隻舉在半空中的拳頭 *，徹底的蘇維埃宣傳風格。

「如果你贊成我的說法」我提高音量，「那就舉起你的 FIST（拳頭）。我們要用這種方式讓世界脫離貧窮。」有人舉起拳頭嗎？我正凝視著一座核反應爐。

「我是約翰·哈格雷夫，祝福各位健康、富饒、幸福。」我鞠躬，但除了震耳欲聾的電子音樂和閃瞎雙眼的燈光之外，

---

* FIST 在英文中即為「拳頭」。

我聽不出掌聲是否響亮。

幕簾後方，舞台經理正忙著從我的襯衫拆下麥克風。我迫不及待想問他剛才我的表現如何，這才發現舞台經理們都忙著照顧舞台，我說的話他可能一句都沒聽見。

「嘿，」有個聲音傳了過來，我轉身。是比特幣社群的傳奇人物查理・史瑞姆（Charlie Shrem）。他穿著 T 恤、運動外套，戴著一頂帽子，身旁跟著隨扈，儼然是比特幣富豪寫照。

他上下打量我：「你剛才說你叫什麼名字？」

# 第 37 章

# 為區塊鏈世代更新價值投資

「我認為區塊鏈界目前分裂成兩個團體，」我劈頭就說。主題演講結束不到幾個鐘頭，我人正在為新區塊鏈避險基金公司羅思文（Rosewind Capital）的合夥人上一堂私塾課程，阿麗雅會議室座無虛席。

「第一組人走快捷致富的道路，屬於投機派，他們嘗試預測市場走向，『哄抬股價，逢高賣出』，基本上所有人都屬於這一派別，我稱他們為『加密貨幣兄弟』。」

「第二群人走踏實致富的路線，他們都是別具影響力的投資客，專門尋找具有實際價值的區塊鏈計畫，也很耐得住性子，我稱這些人為『區塊鏈大師』。」

「加密貨幣兄弟與區塊鏈大師，這名稱聽起來也很像一張低俗的饒舌專輯。」幾個人咯咯笑了。「現在你有兩種活動可以選擇：來我們的私塾課程，再不然你們還會去哪裡？」

「撲克牌錦標賽。」前面那桌一個先生答道。

「你們可以參加撲克牌錦標賽。你們可以來這裡學投資，再不然就是去賭博。而你們做出正確選擇，我要為你們拍拍

手。」我開始拍手,其他人也跟著照做。

「撲克牌是一種講求技巧的遊戲。」後排有個聲音喊到。我尋找聲音來源,是一個身穿亞麻白襯衫、戴著飛行墨鏡的人。

「喂,摘下墨鏡,讓我看你的臉。」

「老兄,這裡太陽很大。」他露齒而笑。「我站在窗邊。」

「你說撲克牌是一種講求技巧的遊戲。」我重複他剛才說的話。

「如果你在行,是的沒錯。」

「請問你從事哪一行?」

「加密貨幣交易商。」

「了解。我換個方式問:請問你靠什麼維生?」幾個人笑了。

「我是全職的加密貨幣交易商。」

「你賺得到錢?」

「很賺。」

「是嗎,1 年後再回來告訴我們,等個 5 年、10 年,最後你大失血,而我們其他人則是躺著賺,享受成

> 如果觀察一下歷史資料,你會發現那斯達克和比特幣的早期浮動和價格變動很相似。每一種新資產類別都難免經歷價格發現和市場驗證的時期,而這過程需要一點時間。與此同時,傳統觀念還是有用:為了避免風險,盡可能保持投資組合多元化。[62] ——55 鑄造(55Foundry)經濟策略組長,納普魯普·薩赫德夫

思想領袖

長。」

「何時來藍寶一下？」同桌蓄著鬍子的年輕小子問，幾個人笑了出來。

「如果你才剛加入我們，」我解釋：「『何時來藍寶一下』是『我何時買得起 1 台藍寶堅尼』的行話，這個品牌的汽車貴得沒天理，油耗又驚人：市區是 10 公里，高速公路 17 公里。」[63] 我一整天都在等待機會，這個笑話總算派上用場，讓我忍不住心滿意足。

「我早就放棄發財夢了，」我說。「風險太大，為了開創 10 億美元資產的公司，我帶著全公司踏進區塊鏈的世界，並為了這個決定付出慘痛代價。但這個損失讓我學到一課。當你遭遇挫折，挫折無可避免，請問你可否把這當成學習人生課題的學費？」

「我學到許多寶貴教訓，發掘自我專長，聽見自己的聲音，學會自己洗衣服。」

幾個人輕笑出聲。

「巨大風險可能帶來巨大收穫，但是巨大風險也可能讓你悔恨不已。」我微笑。「講到區塊鏈，有能力損失多少，投資多少，這是百分之百安全的做法。高風險賭博、日內交易、投機事業 ── 以上都屬於加密貨幣兄弟的做法。」

我看見後面那桌有幾個人站起來，步出側門離開。「對大多數人來說，」我繼續說：「最好的方法還是踏實累積財富。我避開風險的方法就是不去碰個人投資。所以現在我就來大揭

密，讓你們看看我的個人投資組合。」

 ## 區塊鏈的價值投資

價值投資的基本原則很簡單，現在我們也為區塊鏈世代更新了價值投資的內容。

- 運用長遠的「價值投資」策略，尋找能夠提供合理價格的大公司。
- 使用涓涓細流投資法，每個月固定把一筆錢轉入你的投資組合。
- 將投資組合主力放在股票和債券。
- 把區塊鏈當成你的「另類投資」，派餅中的一小塊。
- 找出未來有前景的區塊鏈投資，功課做好做滿（定性和定量檢測）。
- 區塊鏈投資可以綜合比特幣、替代幣、傳統上市公司。

就讓我們來看看我的個人投資組合，看看你是否能套用在自己的投資上。

傳統投資占了我投資總資產的9成：股票、債券、房地產。最簡單的做法就是買一份整體股市基金、一份整體債券市場基金（每項參照比例請見參考指南三）。

在我的區塊鏈投資中，比特幣（BTC）占了最高比例（大約8%），因為我已經做過功課，對我來說，所有區塊鏈中比特幣似乎是最穩定、未來最有發展空間的長遠投資，更別提比特幣品牌知名度也最高。

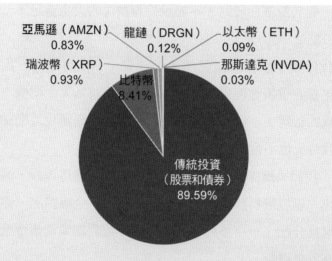

亞馬遜（AMZN）　龍鏈（DRGN）　以太幣（ETH）
0.83%　　　　　0.12%　　　　　0.09%

瑞波幣（XRP）　　　　　　　　　那斯達克 (NVDA)
0.93%　　　　　比特幣　　　　　0.03%
　　　　　　　　8.41%

傳統投資
（股票和債券）
89.59%

　　瑞波幣（XRP）、以太幣（ETH）、龍鏈（DRGN）等替代
幣占了約 1%。根據我的研究顯示，這些替代幣是未來區塊鏈平
台的代表。

　　亞馬遜（AMZN）和輝達（NVDA）等傳統公司讓我的投資
圓滿。我個人的分析顯示，這幾家都是我預期會從區塊鏈獲利的
大公司。

　　透明度對我來說很重要，我讓你們看我的投資組合，是希望
能讓你們看出我個人的投資偏好。之所以與你們分享不是要你們
也依樣畫葫蘆，完全採納我的方式去投資：其實我反倒希望你們
別這麼做，寧可你們自己多做研究，得出屬於自己的結論，再做
出投資決定。

　　分享的目標是共同學習，希望我們能在透徹了解後做出大膽
決定，無論成敗都彼此分享。開源資料就是區塊鏈的精神所在。

「與其說讓你發財，不如說投資讓你的人生富足，」我指出這一點。

我停頓半晌，情緒忽然激動起來。「你們知道，我過去這一年都在重新整理思緒、重啟事業、重新為人生開機。這很難，真的很難。」我吞嚥口水。「可是我很高興我這麼做了，否則我今天也不會站在這裡跟你們說話。」

「我們偶爾需要重新開機，否則速度會變得遲緩、漏洞小錯百出。區塊鏈科技正在重啟我們的政府、金融體制、健保制度、財富分配、一百多萬種其他事物。我們偶爾需要這麼做，而現在就是機會。」

「我有一本 Moleskine 品牌的小筆記本……順帶一提，Moleskine 沒有付錢要我代言。我只是突然有感，覺得這名字很幽默，好像表面覆蓋著細小鼴鼠毛*，經歷一連串活動：先出現加拿大鼴鼠誘捕專家、鼴鼠毛皮貿易，然後鼴鼠瀕臨絕種，發展出「美麗鼴鼠運動」、參加「美麗鼴鼠運動」的抗議群眾，制定鼴鼠保護法、建蓋鼴鼠庇護所、鼴鼠保護區，最後演變成鼴鼠數量過剩，然後又出現鼴鼠賞金獵人、製作更多 Moleskine 筆記本。」

我翻開一頁筆記本。「這只是我在筆記本裡寫下的其中一個想法。」有的人哈哈大笑，有的人只是乾瞪眼，納悶我何時才要開始講比特幣。

---

* Moleskine 很接近 mole skin，鼴鼠皮毛的意思。

「總而言之，我在我的 Moleskine 筆記本中，以李小龍風格寫下小小的信心喊話，最近寫下的一句話如下。」

我活出至善

我活出至善

我活出至善

我活出至善

我活出至善

我活出至善

我活出至善

我活出至善

我活出至善

我活出至善

我活出至善

我活出至善

我活出至善

「我的至善就是讓區塊鏈變有趣好玩,至少目前這是我的目標。用白話文解釋區塊鏈,讓世界 99％的人口開始安全理性投資,好讓區塊鏈生態系統持續茁壯。以對世界良善的方式帶領區塊鏈成長發展。」

我露出微笑,舉起 3 根指頭。「易懂、易於使用、易於投資。但單憑我一己之力,恐怕辦不到,所以我希望各位加入我的行列,我希望所有人都加入我,希望我們可以帶動……」

我點出一張展示我新書封面的投影片,也就是你正在讀的這本書,然後帶領整間會議室的人跟我一起大喊:

「人人共享的區塊鏈!」

# 第 38 章

# 下一波破壞式創新

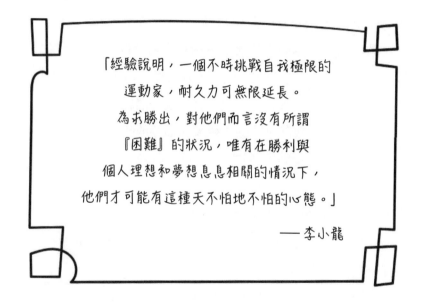

「經驗說明，一個不時挑戰自我極限的
運動家，耐久力可無限延長。
為求勝出，對他們而言沒有所謂
『困難』的狀況，唯有在勝利與
個人理想和夢想息息相關的情況下，
他們才可能有這種天不怕地不怕的心態。」

——李小龍

拉斯維加斯光輝燦爛的十月天，我滿足地瞇著眼，拎著行李步上阿麗雅飯店外的人行道，我身後是推著我們商展展覽用品的門房。

我瞥了一眼皮夾，發現我只有 2 美元現金。「不好意思，朋友，」我微笑把鈔票遞給服務生。「我只剩這些。」

　　他滿懷感激地收下：「沒問題。」

　　我叫了一輛優步，然後撥電話給潔德。

　　「嘿，寶貝，」她接起電話。「展覽怎樣？」

　　「我想我們接到新工作了。」

　　「真是好消息。」她說。

　　「還有其他好消息，我領到薪水，第一筆演講所得。」

　　「嗚呼！」她盡自己所能模仿河馬·辛普森的歡呼。「我也有好消息要跟你說，這個月我們正式脫離赤字。」

　　我腦海中閃過肩上扛著地球的巨人阿特拉斯，這下總算可以把地球放進行李推車的畫面。「真是鬆一口氣。」我嘆氣。

　　「還沒完，」她說，「我還有其他好消息。」

　　「還有？」我問，「該不會現在葡萄乾吐司免費吧？」

　　「我收到申請結果通知了。」

　　「然後？」

　　「他們接受我了！」她興奮大喊。

　　「恭喜！」聽到這則消息時，我百感交集，頭暈腦脹到必須坐在行李上。

　　「還有還有，他們願意負擔全額獎學金！」

　　「我的老天爺。」

　　「我好期待！」她說，我感覺得到她的激動。

　　「波士頓大學神學院，胸有大志哦*！妳準備參加一個以乳

---

·　波士頓大學神學院（Boston University School of Theology）的縮寫，BUST 跟「胸部」為同字。

溝命名的研討班了。」

「你知道，馬丁・路德・金恩也是這間學校的校友。」

「他們尊稱馬丁・路德・金恩博士『博士』。」

「我都想好了，」她繼續說，「我會繼續媒體風暴的全職工作，半工半讀，我已經安排好第一學期的課表。」她頓了一下。「對此你沒問題，對吧？」

「我真替妳感到開心，」我告訴她。這是另一個開始，另一個結束。

「你確定？」

「妳支持我的所有決定，當我陷入不見光明的黑暗時，妳從不放棄，根本就是聖人，現在輪到我支持妳了，這樣很合理。所以我百分之百確定。」

「拿到學位要好幾年，我根本不知道自己未來想做什麼。」

「我覺得妳可以當牧師。」

「不可能吧，」她說，「你真的覺得我可以？」

「到時我就能逢人就說，『你知道嗎，我不是牧師，可是我的枕邊人是哦。』」

「那也太讚了！」她飄飄然地說。

「妳讓我感到好驕傲。」我抬起頭。「嘿，優步計程車到了，我到機場再打給妳。」

##  與陌生人同行

終其一生，大家都勸你千萬別上陌生人的車。然後，優步誕生了。

現在我們不只跳上陌生人的二手豐田汽車，還為了這個體驗付費，畢竟這經驗遠遠好過另一種選擇：招手攔計程車。

你還記得搭計程車的狀況嗎？你爬上一輛飄散著椰子芳香劑氣味、室內潮溼的塑膠玻璃箱，座椅彈簧已經壞掉，電視螢幕對你放送嘈雜噪音。你盯著跳錶數字飆升，像極一顆數字逐漸上漲的定時炸彈，憂心司機會故意帶你繞路。

而且你還得給對方小費！是為了不被司機謀殺才給小費嗎？

優步簡簡單單用一個按鍵解決所有問題。固定車資，普通汽車，透明路線。儘管優步有許多缺點，依舊直搗計程車業的邪惡黑心。優步提升整體乘車經驗，進而讓世界變得更美好。

計程車業界的發展已經熟透到需要打掉重來的程度，也無法從內部推動革新：不良行為、令人窒息的法規、司機和乘客間的敵對關係……問題實在深根柢固。

計程車業界不能將技術移植至老舊經營模型：優步打破了老舊經營模型。經濟學家稱此為破壞式創新，[64] 今日我們發現老（中心化）公司遭逢破壞式創新前，亦苦於無法融入嶄新的（去中心化）區塊鏈科技。

### 破壞式創新

以更好更新穎的選擇取代老舊產業或機構（光想想傳統計程車和優步就好）。

重點畫起來

優步並非區塊鏈，雖然某些方面卻屬於去中心化，其他層面卻仍是中心化管理。司機名單歸誰所有？優步。使用者評論歸誰所有？優步。珍貴的顧客資料歸誰所有？至高無上的優步。

下一波破壞式創新將會發生在優步本身，想像一下昂步（Unber）：某種去中心化版本的優步，以區塊鏈的智能合約經營。想要叫車時，只需要打開昂步應用程式，輸入目的地，再把預期車資（比特幣付款）匯入某份智能合約中。

我開著我的二手豐田汽車去接你，載你抵達目的地，一路陪你閒聊，甚至提供你一瓶氣泡水（我們遵守待客之道）。抵達後，智能合約就會從衛星導航座標得知旅程已經完成，於是把車資發給司機，最後我們為彼此打了 5 星評價。

在這個系統中，沒人「擁有」資料、車資、評價：一切都記錄在公開區塊鏈的開放式帳本裡，唯獨天上有的偉大支票簿。由於沒有大老闆，司機抽了絕大部分的車資酬勞。

乘客　　　　　司機　　　乘客　　　　　　司機

破壞式創新隨處可見，它既可能引發一場革命，也可能促成演進。只要我們保持彈性開放的心態，只要我們樂於改變、擁抱成長，就能變得更好更強壯。再不然，你也可以駕駛世上最後一輛計程車。

「去機場嗎？」優步司機問，同時幫我把行李裝進他的休旅車後車廂。

「回家，」我說，「總算等到這一刻。」

「你是來參加車展的嗎？」

「不，區塊鏈大會。」

「區塊鏈，」他關上掀背式車門。「那是什麼？」

「說來話長。」我爬進後座。

「快看，」優步司機邊繫上安全帶邊說，「藍寶堅尼耶。」他忍不住嘆息，一一數著，「還有一台布加迪、一台法拉利。那台是……讓我瞧瞧，是麥拿崙，還有……」他吹了聲口哨，「萊肯超跑耶。」

原來我剛才一直站在豪華展示汽車旁，也就是阿麗雅下車處的中央位置，卻壓根沒有注意到。「這些車就這樣停在路邊？」我問。

他笑了：「這週拉斯維加斯有一場大型汽車展覽，這肯定是其中一項活動。你快看那台車。」他把車開到更靠近超跑的位置，然後探出脖子。「那可是價值 300 萬美元的跑車，車頭還鑲鑽耶。看看圍觀者，根本沒人想看其他車了吧。」

我低頭看手機。「你慢慢看，」我說，「我先辦理登機。」

「你未來恐怕沒機會再見到這種車囉。」他說，緩緩移開視線。

「是嗎，」我說，放下手機。「誰曉得未來會變怎樣？」

# 參考指南一
# 區塊鏈投資組合
## 投資數位資產的配置與步驟

　　即使只有 100 美元也好，每個月都撥出一份投資資金。理
想狀況是固定從銀行帳戶設定自動扣款，將一筆錢匯入投資組
合，「一旦投資就別再去想」。

　　每月投資區分成 3 塊：股票、債券、區塊鏈（約占 2%～
10%）。

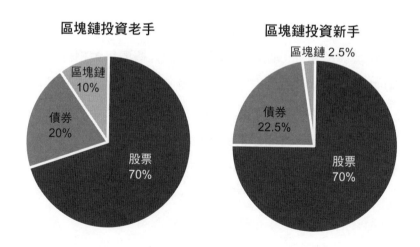

　　舉個例子，假設你決定採取涓涓細流投資法，每月投資
500 美元，根據你的風險容忍度和對區塊鏈的信心，每月分配
以下方式投資這 500 美元：

328 Blockchain for Everyone

- **區塊鏈投資老手**：70％傳統股票，20％傳統債券，10％
  區塊鏈
- **區塊鏈投資新手**：75％傳統股票，22.5％傳統債券，2.5
  ％區塊鏈

　　為了潛在回收（例如賺錢），區塊鏈投資老手不惜承擔較高風險（例如財務損失）。每月少量投資的 500 美元中，350 美元投資股票，100 美元投資債券，50 美元則是投資區塊鏈。

　　雖然新手有意把多一點錢投資在區塊鏈，不過要是投資失利，有可能變成一場惡夢。於是每月投資的 500 美元中，會有 375 美元投資在股票，113 美元投資在債券，12 美元則是區塊鏈。

　　根據經驗法則，你投資的債券比例大概與年齡相符。股市下跌時，債券就是一把有效的防護傘，年輕時你比較不需要保護，然而隨著逐漸接近退休年齡，你開始需要更多層保護。如果不擔心高風險，你可以把股票投資比例配高一點，但無論怎麼投資，都盡量不要超過 75％、25％的比率。

　　與其嘗試自己挑選股票、債券、區塊鏈，最簡單的投資方法莫過於指數型基金，選擇已經搭配好的組合：

- **股票**。美國投資人或許可以考慮先鋒整體市場指數基金
  （Vanguard Total Stock Market Index），該基金以低價
  提供廣泛多樣化，帶來 10 年共 7.4％的平均年報酬率。

你可以透過線上美國券商 Td Ameritrade 購買（網址：www.tdameritrade.com）。

- **債券**。想要獲悉完整債券市場，可以考慮先鋒整體市場指數基金，收費低廉，可從上述網路券商入手。股票價格下跌時，債券價格一般會出現漲幅，於是債券就像是保護與平衡投資的砝碼。

- **區塊鏈**。我撰寫本書的當下還沒有區塊鏈市場指數基金，所以最簡單的解決方案就是透過 Coinbase（網址：coinbase.com）等線上交易所購買比特幣。你可以購買其他替代幣，讓你的投資組合變得更多樣化，關於這點，下文會再探討。

所以說，每月投資 500 美元的「投資老手」會這麼投資：

- 透過網路券商購入 350 美元的整體股市基金
- 透過網路券商購入 100 美元的整體債券市場基金
- 透過比特幣線上交易所購入 50 美元比特幣

每隔 6 個月重新調整投資配比。在年曆上標記 1 月 1 日和 7 月 1 日重新檢查投資組合，也就是說，你可能需要脫手比特幣，盈利所得則用來再投資傳統股票和債券，或是反過來操作。

區塊鏈上漲時，這種做法並不容易，不過考量到 2017 年搭上區塊鏈浪潮，卻在 2018 年慘痛損失的投資者，這麼做可

以在區塊鏈市場下跌時提供安全網。而將區塊鏈獲利再投資在股票和債券的人（例如每半年重新調配投資組合），則藉此鞏固他們剛到手的財富。

運用這種方法，除了股市和債券市場投資，同時保留一小部分區塊鏈投資。如此一來，即使市場急轉直下，你還是享受得到區塊鏈投資的美好。

但除了比特幣，究竟該如何挑選區塊鏈投資？找到易於使用的區塊鏈指數基金前，你可以運用定性分析（研究和判斷）及定量分析（研究和數字）挖掘嶄新的區塊鏈商機，下文兩個參考指南將會提及這點。

成功投資者會使用定性和定量兩種分析，畢竟這兩者就是投資上的連體嬰。

購買替代幣前，沒有鑽研潛在數字就完全仰賴「參考指南二」的投資人計分卡分數，是非常不明智的行為。同理，不做

投資人計分卡，只依憑「參考指南三」的附表就決定投資，一樣是不智之舉。

　　如果你其中一項較強，可以找人合作搭配。當彼此的測試人，試著一起找出最好的方式，畢竟開源資料即是區塊鏈的精神所在。

參考指南二
# 區塊鏈投資人計分卡

　　運用區塊鏈投資人計分卡，就能決定某種區塊鏈代幣或替代幣是否為安穩投資。這叫「盡職調查」，換句話說就是「事前做功課」。等到練習結束，你會比其他區塊鏈投資者更知道自己在做什麼。

# ₿ 比特幣市場日報　　　　　　　　　　區塊鏈投資人計分卡

《比特幣市場日報》的分析師皆使用這張「計分卡」評估全新區塊鏈計畫和代幣。藉由不斷提出跨類別的問題，區塊鏈投資者或企業家就能在不同商業構想間進行合理公正的比較。

需以 1（最低潛質）至 5（最高潛質）為得分卡上的每項問題打分數。每個問題平均計算後，會在每部分底下得出平均分數，每一部分的得分則列在最後。

| | 高潛質（5） | 低潛質（1） | 價值 |
|---|---|---|---|
| **市場** | | | |
| **它所解決的問題**<br>是否有該代幣可以解決的明確問題？ | 明確可辨 | 問題不清晰 | |
| **客群**<br>你能清楚指出該代幣未來的使用族群嗎（職稱、人口統計等）？ | 可辨識、可接納 | 不可辨識或難以採納 | |
| **價值創造**<br>若一名用戶採納該代幣，能為其公司或生活方式增加多少價值？ | 高價值可辨識 | 零價值 | |
| **市場架構**<br>這個代幣會用在哪種市場結構？ | 新興崛起或零散型 | 集中型或成熟型 | |
| **市場規模**<br>潛在市場是否太小、太大，或剛好？ | 1 億美元以上 | 少於 1 千萬美元 | |
| **法規風險**<br>市場和代幣普遍來說是否可能在未來面臨其他法規？ | 低 | 高或高度法規風險 | |
| **平均市場得分**<br>上述 6 項的平均得分 | | | |

| | 高潛質（5） | 低潛質（1） | 價值 |
|---|---|---|---|
| **競爭優勢** | | | |
| **科技／區塊鏈平台**<br>代幣是建立於知名的區塊鏈，抑或從零開始？ | 現有區塊鏈 | 全新區塊鏈 | |
| **時間領先優勢**<br>與概念上性質雷同的公司相比，該團隊是否具有利開端？ | 強 | 無 | |
| **人脈和網絡**<br>該團隊接觸市場關鍵人物的能力？ | 發展完善 | 發展有限 | |
| **平均競爭優勢得分**<br>上述 3 項的平均得分 | | | |
| **管理團隊** | | | |
| **創業團隊**<br>該團隊是否有顯著的成就紀錄？ | 一流的「超級團隊」 | 無能團隊或獨自創業 | |
| **產業／技術經驗**<br>該團隊是否在該產業具有多達「1 萬個鐘頭」的經驗值？ | 超級豐富的紀錄 | 新手菜鳥 | |
| **職業操守**<br>該團隊是否展現一絲不苟的誠信和完整透明度？ | 最高標準 | 有待商榷 | |
| **平均管理得分**<br>上述 3 項的平均得分 | | | |

|  | 高潛質（5） | 低潛質（1） | 價值 |
|---|---|---|---|
| **代幣機制** | | | |
| **代幣需求**<br>某問題是真的需要靠代幣解決，抑或它只是「可有可無的區塊鏈」？ | 不可或缺 | 可有可無 | |
| **附加價值**<br>代幣是否附加全新價值，或者只是「另一種代幣」？ | 具有高度區隔性 | 仿效型代幣 | |
| **去中心式**<br>是否真為去中心式（像是網狀網路），抑或由公司控管（像是基地台）？ | 用戶控管 | 公司控管 | |
| **代幣供應**<br>代幣供應量是否已知不變？抑或未來還會繼續發行、沖淡價值？ | 可預測的固定數量 | 不確定而膨脹 | |
| **公開交易所**<br>該代幣會在哪間數位交易所上市？ | 信譽優良的已知交易所 | 未知或信譽評比差的交易所 | |
| **最小可行商品**<br>是否具有現成產品抑或最小可行商品？ | 有可用商品 | 只有白皮書 | |
| **平均代幣得分**<br>上述 6 項的平均得分 | | | |

| | 高潛質（5） | 低潛質（1） | 價值 |
|---|---|---|---|
| **用戶接納度** | | | |
| **技術性難度**<br>不具技術背景的人是否能理解概念？ | 不具技術性 | 高度技術性 | |
| **光環效應**<br>代幣是否與信用良好的品牌或機構具有強烈聯結？ | 強烈的光環效應 | 不足或無光環效應 | |
| **話題性**<br>討論度高嗎？他們在社群網站上擁有多少粉絲？ | 社群討論度高 | 社群討論度低 | |
| **平均用戶接納度得分**<br>上述 3 項的平均得分 | | | |
| **整體得分**<br>以上 5 個項目的平均得分 | | | |

致區塊鏈投資人：該計分卡只應當作評估潛在商機的投資工具，至於得分高的代幣，投資者應該再深入分析競爭優勢。

致區塊鏈公司：該計分卡可以當作強化概念的工具，更好的做法是尋求類似媒體風暴等公司（網址：www.mediashower.com）協助，這類公司能為你提供更客觀專業的意見。

　　分析時不得鬆懈，預設答案應該是「跳過」，向大多機會說不，直到找到適合自己的投資為止。等找到適合的投資計畫，請自信滿滿投資下去，畢竟你已用計分卡做了充分的研究和分析。

# 參考指南三
# 區塊鏈投資評估法

　　區塊鏈具有網路效應：越多人使用區塊鏈，價值就越高。

　　跟電話網路一樣，區塊鏈的使用者越多，對所有人的好處就越多。越多人使用，互聯線越多，區塊鏈價值也越高。試想一筆數量固定的代幣，因為網路擁有更高價值，每 1 枚代幣的價值也跟著上升。

## 整體網路價值

　　為了驗證這個理論在真實世界站得住腳，讓我們來比較 2016 年末，區塊鏈投資人和整體區塊鏈市場資本（所有替代幣的整體價值），看看是否具備類似模式。

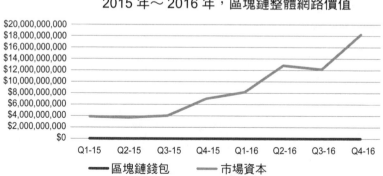

2015 年～ 2016 年，區塊鏈整體網路價值

　　以白話解釋，隨著區塊鏈使用者的數字（以錢包當測量標準）直線成長，區塊鏈市場的整體價值也二次成長。雖然火箭發射需要時間，但最後仍然成功升空，目前看來一切很好，接著就進入了 2017 年。

2015 年～ 2017 年，區塊鏈整體網路價值

　　2017 年 12 月區塊鏈狂熱攀到高峰，比特幣和替代幣價值飆升到天一般的高度。讓我們看看之後發生了什麼事：

2015 年～ 2018 年，區塊鏈整體網路價值

　　區塊鏈用戶持續穩定快速成長（每季約 200 萬），但市場資本還是一片混亂。

　　區塊鏈投資者可以把整體網路價值當成「護欄」，防備被高估或低估的市場。我們可以使用 Excel 等簡單工具畫出火箭定律的圖表。我現在加入一條軟體內建的「多項式趨勢線」：

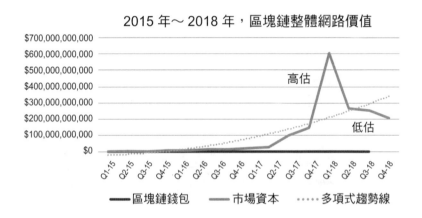

2015 年～ 2018 年，區塊鏈整體網路價值

　　虛線就是趨勢走向，指出 2017 年第 4 季是適合賣出區塊鏈投資的時機，而 2018 年第 2 季則是買入的大好時機，這完全符合我個人的信念，對我而言，已算是通過常識測驗。

　　做個總結，你可以使用任何區塊鏈線上交易所，為任何一段時期的替代幣製作 1 張整體網路價值圖表，譬如每月製作 1 張圖表，再使用「多項式趨勢線」在 Excel 試算表上畫出「火箭定律」，抑或二次成長方程式。這張圖可為你指出方向，確定哪種替代幣可以購買。

## 每用戶市值

　　這是另一種分析師幫臉書和推特等網路公司進行評比的方式，也就是觀察每用戶市值。我們可用每月活躍用戶的數字除以他們的市場資本。

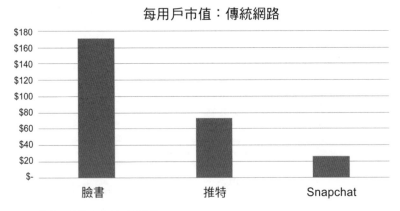

每用戶市值：傳統網路

截至 2018 年 11 月 20 日的資料。
資料來源：奇摩財經，Omnicore Group。

　　前幾大社群媒體網路中，每用戶市值一般落在 25 至 250 美元。價值會浮動，卻也能提供我們安全護欄。像是比特幣的區塊鏈資產，我們可以取市場資本（比特幣總數乘以每枚比特幣價格）跟每月活躍使用者數字相除。看來大致像是下圖：

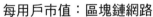

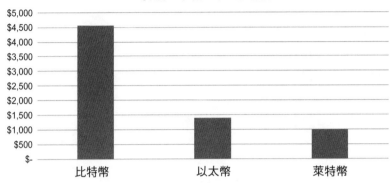

截至 2018 年 11 月 20 日的資料。
資料來源：CoinMarketCap，Bitinfocharts。

　　在我們追蹤的區塊鏈中，用戶市值落在每人 1 千至 5 千美元，價值預期可高過社群媒體網路，畢竟這些用戶身價更高，他們不是臉書上沒頭沒腦的消費廣告機器，而是活躍的交易價值。

　　最棒的是，儘管市場動盪搖擺，區塊鏈每用戶市值仍保持一致。接下來看 2017 年 11 月的狂熱，比對 2018 年 11 月的低迷：

2017 年越來越多人使用比特幣，因此整體市值提高許多。2018 年價格下跌，每月使用者數字也是，但整體每用戶市值仍維持在 4 千 5 百至 5 千美元的範圍內。

這是好消息，代表有規律和理性可循，瘋癲裡仍有方向。

但在此給你一個小小的警告：精確的區塊鏈用戶數字通常不好判斷（一個人可能有好幾個錢包）。所以我們務必善用手邊資料，例如，我們現在所做的就是把錢包整體數字當成全部用戶的代表數字。如果你要分析某種替代幣，或許可以把轉帳交易數字當作整體用戶數字，雖然不盡完善，但我們也只有這個資料可以依循。

同理，我們看見 2017 年的每用戶市值可能高估，其他時候則可能遭到低估。如果你利用區塊鏈投資人計分卡為某替代幣做過定性分析，且對結果相當滿意，那麼等到每用戶市值跌至虛線以下，就可考慮買入。

## 互聯線增加

你可能聽過謝家華，網路鞋店 Zappos 精明古怪的創辦人。

謝家華的其中一個業餘專案就是改建拉斯維加斯舊城區一帶，將該區搖身一變，成為熱鬧繁榮的高科技社區。這幾年來，拉斯維加斯舊城區（也就是你在老電影中看見的「牛仔」區域）陷入蕭條，大型資金都移往賭城大道上金光閃閃的賭場。

謝家華將公司總部遷至拉斯維加斯，開始吸引人前來投資、重新改造舊城區，包括名為「貨櫃公園」、以海運貨櫃打造的大型公共空間，還裝置一隻負責站崗的噴火螳螂雕像（很合理，這裡可是拉斯維加斯）。

貨櫃公園是一種饒富趣味的體驗。精品店和兼容並蓄的餐廳環繞著大人小孩都愛的大型遊樂場。一隅，還有晚間固定安排表演的龐大舞台，亦設有沙發和休閒椅。這裡應有盡有，既是適宜聚會的場所、聯絡感情的所在，也是一間購物商場。

對於一名從網際網路崛起的企業家，謝家華也理所當然發明了幾項量化尺度，判斷他的高科技社區是否成功。其中一個測量尺度就是「碰撞」，或者陌生人之間的偶然相遇。

對於謝家華、史蒂芬‧賈伯斯、梅麗莎‧梅爾（Marissa Mayer）等科技創新人士來說，當背景各異的人以不可預期的方式「碰撞」，創新油然而生。謝家華甚至測量「碰撞報酬率」，也就是以隨機巧遇數字測量得出的投資價值。

「人間碰撞」（良性的碰撞）的概念也能套用在區塊鏈科

技上。閱讀本書時，相信你已經發現，我們的區塊鏈孵化器、投資人見面會、區塊鏈大會在在證實了這個論點。而第 3 種度量制，互聯線增加就捕捉到謝家華「碰撞報酬率」的精神。

還記得火箭定律吧：隨著用戶數字呈線性成長，互聯線的數字也跟著二次成長。要是我們知道用戶數字，就能計算出每個時期加入了多少互聯線（試想謝家華的貨櫃公園吸引大批人潮時，增加了多少互聯線）。

為了找出互聯線的數字 $c$，我們可以套用以下公式：

$$c = \frac{n\,(n-1)}{2}$$

$n$ 則是代表用戶數字。

所以說，若有 50 個人在謝家華的貨櫃公園裡閒逛，潛在互聯線數字就是 50(50-1)/2，或是 1,225 種可能碰撞。要是人數增加 1 倍（變成 100 人），潛在互聯線數字就會增加至 4 倍左右（變成 4,950 種碰撞）。

正如謝家華的拉斯維加斯舊城區計畫人次增加時，價值跟著二次成長，區塊鏈價值也會隨著人數加入而成長。

互聯線增加（兆）

—— 互聯線　　　…… 多項式趨勢線

　　上面這張圖表所顯示的，就是以區塊鏈錢包數值測量出的
整體區塊鏈市場互聯線數值。我們先前探討過，趨勢虛線（可
用 Excel 輕易畫出此圖表）就是「護欄」，可看出市場是否遭
到高估或低估。

　　2017 年第 3 季，區塊鏈市場根據我們的預期估價（實線與
虛線相符）。隨著市場在 2017 年底陷入瘋狂，投資人蜂擁而
上，開啟新的區塊鏈錢包（高估），接著又跌落谷底（低估）。

　　**區塊鏈與人息息相關。區塊鏈的用戶數量很重要，因為這
數字會帶動互聯線增加，而互聯線則會讓價值上漲**。這道理可
以套用在拉斯維加斯舊城區，也可套用在區塊鏈投資市場。

# 免責聲明

　　為了讓本書更加精采、生動，讓人不忍放下，我不時穿插不同事件、更改名稱和故事細節、簡化對話，或是創造複合角色。不過，我已經盡可能保留故事的原汁原味。

　　為了說明，我捏造出不同的名稱如下，而這些並不能代表真正的區塊鏈計畫，也不為它們背書：太陽幣／太陽鏈、駕駛幣／駕駛鏈、回饋幣／回饋鏈、充電幣／充電鏈、內容幣／內容鏈、身分幣／身分鏈、信任幣／信任鏈、全球區塊鏈高峰會。

　　如果你喜歡這本書，可至 www.bitcoinmarketjournal.com 訂閱免費的電子報。

# 謝辭

　　區塊鏈是去中心化網路，這本書的創作歷程也是。我要大力感謝我的愛妻，同時也是我的摯友兼最佳夥伴潔德·哈格雷夫。謝謝我其他家人：埃薩克·哈格雷夫（Isaac Hargrave）、路克·哈格雷夫（Luke Hargrave）、約翰·哈格雷夫（John Hargrave）、帕特·哈格雷夫（Pat Hargrave）、派崔克·哈格雷夫（Patrick Hargrave）、克里·哈格雷夫（Keri Hargrave）、唐娜·約克（Donna York）、泰瑞·約克（Terry York）。

　　謝謝我忠實的經紀人凱西·亨名斯（Cathy Hemming），我傑出非凡的編輯傑瑞米·盧比－斯特勞斯（Jeremie Ruby-Strauss），因為你們的建議，這本書變得更加精采。感謝畫廊出版（Gallery Books）的出色團隊：艾美·貝爾（Aimee Bell）、珍·伯格斯隆（Jen Bergstrom）、艾莉森·格林（Allison Greene）、馬肯錫·希奇（Mackenzie Hickey）、安娜貝爾·吉米內茲（Anabel Jimenez）、布里塔·隆伯格（Brita Lundberg）、珍·隆恩（Jen Long）、雪梨·莫里斯（Sydney Morris）、莫尼卡·歐魯威克（Monica Oluwek）、凱洛琳·帕羅塔（Caroline Pallotta）、珍妮佛·羅賓森（Jennifer Robinson）、南茜·多尼克（Nancy Tonik）、黛安娜·維拉斯奎茲（Diana Velasquez）、珍妮佛·韋德曼

（Jennifer Weidman）、艾比・基朵（Abby Zidle）。

謝謝最棒的媒體風暴團隊夥伴，尤其是彼得・安格斯（Pete Angus）、溫蒂・葛瑞柯（Wendy Grieco）、瑪莉・海爾斯（Mary Hiers）、凱文・凱利（Kevin Kelly）、羅伯・蒙特佩盧索（Rob Montepeluso）、潔西卡・瑞德拉（Jessica Ridella）、克里夫・羅賓森（Cliff Robinson）、麗莎・史崔蘭（Lisa Strickland）、婕絲・烏爾瑞奇（Jess Ullrich）。謝謝喬・卡魯索（Joe Caruso）的指導，理查・卡斯特林的忠告，以及彼得・瑞蘭（Peter Relan）的信任。

感謝我的牌咖好友：科克・沃斯特（Kirk Worcester）、班・勞巴奇（Ben Laubach），尤其要感謝伊凡・卡諾帕基斯（Evan Karnoupakis），謝謝你們經常陪我腦力激盪、和我一起討論區塊鏈。

謝謝 Coinbase 的恩瑞・特齊薩普（Emre Tekisalp）和席德・科荷－普拉胡（Sid Coelho-Prabhu）、MakerDAO 的克雷格・迪普里斯可（Greg DiPrisco）。感謝微軟的馬修・莫托拉（Matthew Mottola）、布魯斯・布拉肯（Bruce Bracken）、黎恩・史考特（Liane Scult）、保羅・艾斯特（Paul Estes）。感謝世界加密貨幣會議的亞當・威廉斯和艾瑞克・史派爾（Eric Spire）。謝謝代幣節（Token Fest）的萊恩・柯比（Ryan Colby）和布倫克利・華倫（Brinkley Warren）。

謝謝城市區塊鏈投資（CityBlock Capital）的羅伯・南斯（Rob Nance）貢獻投資者證明的構想，也要謝謝松村美

子提供開源資料的想法。謝謝羅思文投資公司的赫南‧羅森索（Hanaan Rosenthal）和崔維斯‧溫登博士（Dr. Travis Winden）讓我稍微涉獵區塊鏈交易的浩瀚知識。謝謝哈默斯利夥伴公司的彼得‧帕弗里納，和我一同討論怎麼做才能讓人人都能投資區塊鏈。感謝戴維‧洛蒂馬－泰勒（Daivi Rodima-Taylor）和我討論辛巴威的狀況，謝謝黎格達（Ligda）和卡爾‧瑪西科特（Carl Massicotte）跟我討論委內瑞拉的情況。

謝謝波士頓區塊鏈協會，特別是彼特‧布魯克斯（Peter Brooks）、馬克‧卡麥隆（Mac Cameron）、丹妮絲‧德‧默西（Denise de Murcie）、萊恩‧福克斯（Ryan Fox）、多明尼克‧格魯（Dominic Grew）、葛瑞格里‧哈瑟特（Gregory Hassett）、法蘭克‧麥克里德斯（Frank Makrides）、亨利‧穆迪（Henry Moodie）、薩米爾‧歐澤里（Shamir Ozery）、艾瑞克‧羅克思（Eric Roux）、馬克‧辛克（Mark Schinkel）。謝謝區塊鏈鯊魚幫：麥克‧卡麥隆（Mac Cameron）、安德魯‧費雷沙（Andrew Flessa）、黛安‧莫雷（Dianne Mueller）、潔西卡‧雷德拉（Jessica Ridella）、納普魯普‧薩赫德夫（Navroop Sahdev）、阿傑‧史蒂芬（Jay Stevens）、喬蒂‧海茲（Jodi Heights）。

感謝所有參與訪談的區塊鏈專家，包括薩達‧艾爾沙拉瑪（Shada AlSalamah）、丹‧伯曼（Dan Birman）、約翰‧克里品格（John Clippinger）、歐嘉‧費德麥爾、丹‧金斯里（Dan Kinsley）、喬許‧勞勒（Josh Lawler）、杭特‧梅弗德

（Hunter Mefford）、歐弗・里斯基（Ofer Lidsky）、尼克・鮑利（Nick Powley）、尼密特・薩尼（Nimit Sawhney）、納普魯普・薩赫德夫（Navroop Sahdev）、黛兒・希內斯博士（Dr. Tal Sines）。

感謝杰內維夫・馬蒂努（Genevieve Martineau）、奈德・瑞內蘭德（Ned Rhinelander）、克里斯・史考特（Chris Scott）貢獻與分享你們的網路年代回憶。謝謝肯・亞卡迪（Ken Accardi）幫我想到這本書主題，謝謝海瑟・凱莉（Heather Kelly）幫我拯救貓咪。謝謝所有試讀這本書的朋友，尤其是史蒂芬・黎西（Stephen Leahy）、艾咪・哈里斯（Amy Harris）、吉姆・密魯羅（Jim Merullo）。

謝謝超讚的亞德里恩・米戴爾・阿凱羅（Adrian Medel Aceiro）的鼎力相助，幫我完成這麼精美的插圖。謝謝巴布森學院提供的 Moleskine 筆記本。還有謝謝波士頓中國投資俱樂部餽贈鋼筆。

最後的最後，我要大力感謝我們 10 萬名區塊鏈投資者的美好社群，讓我們繼續茁壯成長！

# 參考文獻

## 第 3 章
1. Let's agree that the plural of "bitcoin" should be "bitcoin," not"bitcoins." And no capital *B*.

## 第 4 章
2. Casey, Michael J., and Paul Vigna. "In Blockchain We Trust." *MIT Technology Review*, May 18, 2018, www .technologyreview .com/ s/610781 /in-blockchain-we-trust/.

## 第 5 章
3. Avakian, Talia. "The 10 Strangest Things That Have Been Used as Money Around the World." April 19, 2016, http:// www .businessinsider. com /alternative-forms-of-currency-2016-4.
4. Poole, Robert Michael. "The Tiny Island with Human-Sized Money."May 3, 2018, http:// www .bbc .com /travel /story /20180502-the-tiny-island-with-human-sized-money.
5. Vazquez, Laurie. "How Ramen Noodles Became King of Prison Currencies." August 23, 2016, https://bigthink .com /laurie-vazquez/ how-ramen-noodles-beat-cigarettes-to-become-a-prison-currency.

## 第 6 章
6. "National Bank Note." Wikipedia, January 21, 2018, en.wikipedia.org / wiki /National Bank Note.
7. "ICOs Have Raised Billions — But Now VCs Are Swooping In."*CB Insights Research*, June 12, 2018, www .cbinsights .com /research/ blockchain-ico-equity-financing-vc-investments.
8. McLeay, Michael, et al. "Money in the Modern Economy: An Introduction." Bank of England, March 14, 2014, www .bankofengland. co.uk /quarterly-bulletin /2014 /q1 /money-in-the-modern-economy-an-introduction.

9. "Ripple (Payment Protocol)." Wikipedia, October 6, 2018,en.wikipedia .org /wiki /Ripple.

10. "Bitcoin Cash." Wikipedia, September 12, 2018, en.wikipedia .org/wiki /Bitcoin Cash.

11. "EOS.IO." Wikipedia, October 16, 2018, en.wikipedia .org /wiki/EOS. IO.

12. "Stellar (Payment Network)." Wikipedia, October 18, 2018,en. wikipedia .org /wiki /Stellar.

13. "Litecoin." Wikipedia, October 4, 2018, en.wikipedia .org /wiki/ Litecoin.

14. For the full video of Burniske's presentation, see https://youtu.be/ ooKXtFoMjtY. Also see Burniske, Chris, and Jack Tatar. *Crypto assets: The Innovative Investor's Guide to Bitcoin and Beyond.* McGraw-Hill Education, 2017.

## 第 7 章

15. "Dutch East India Company." Wikipedia, December 24, 2018,en. wikipedia .org /wiki /Dutch East India Company.

## 第 12 章

16. Konrad, Alex. "How Lightspeed VC Jeremy Liew Looks for the Next Bonobos and Snapchat." *Forbes*, July 1, 2015, www .forbes.com /sites /alexkonrad /2015 /05 /05 /how-lightspeed-vc-jeremy-liew-looks-for-the-next-bonobos-and-snapchat/#1aef435261d9.

17. Balakrishnan, Anita. "Snap Closes up 44% After Rollicking IPO."CNBC, March 7, 2017, www .cnbc .com /2017 /03 /02 /snapchat-snap-open-trading-price-stock-ipo-first-day.html.

18. Huston, Caitlin. "Snapchat Founders, Investors Cash Out Nearly$1 Billion in Snap IPO." *MarketWatch*, March 3, 2017, www.marketwatch .com /story /snapchat-founders-and-investors-sell-millions-of-shares-in-snap-ipo-2017-03-01.

19. Constine, Josh. "Why Snapchat Spectacles Failed." *TechCrunch*,October 28, 2017, http://techcrunch .com /2017 /10 /28 /why-snapchat-spectacles-failed/.

20. Mukherjee, Supantha. "App Redesign Haunts Snap as Investors Flee." Thomson Reuters, May 2, 2018, www .reuters .com /article/

us-snap-results-stocks /app-redesign-haunts-snap-as-investors-flee-idUSKBN1I31QD.

21. "Initial Public Offerings: Eligibility to Get Shares at Broker-Dealers." U.S. Securities and Exchange Commission, September 6,2011, www. sec.gov /fast-answers /answersipoelightm.html.

## 第 13 章

22. Anderson, Christa M., et al. "Forest Offsets Partner Climate-Change Mitigation with Conservation." *Frontiers in Ecology and the Environment*, Wiley-Blackwell, August 14, 2017, http://esajournals. onlinelibrary.wiley .com /doi /full /10.1002 /fee.1515.

23. Lee, Sherman. "Bitcoin's Energy Consumption Can Power an Entire Country — but EOS Is Trying to Fix That." *Forbes*, April 19, 2018,www .forbes .com /sites /shermanlee /2018 /04 /19 /bitcoins-energy-consumption-can-power-an-entire-country-but-eos-is-trying-to-fix-that/#67695ed31bc8.

## 第 14 章

24. Furman, Phyllis. "Investment Banker Hopes to Issue More Rock 'n'Roll Bonds." Knight Ridder /Tribune Business News, October 26, 1998.

25. Boulden, Jim. "David Bowie Made Financial History with Music Bond." CNNMoney, January 11, 2016, http://money.cnn .com/2016 /01 /11 /media /bowie-bonds-royalties /.

26. Christman, Ed. "The Whole Story Behind David Bowie's $55 Million Wall Street Trailblaze." *Billboard*, January 14, 2016, https://www. billboard.com/articles/business/6843009/david-bowies-bowie-bonds-55-million-wall-street-prudential.

27. Chen, James. "Bowie Bond." Investopedia, March 7, 2018, www. investopedia .com /terms /b/bowie-bond.asp.

## 第 15 章

28. See the full John Oliver segment at https://youtu.be /g6iDZspbRMg.

29. "Why Does the Federal Reserve Aim for 2 Percent Inflation over Time?" *Frequently Asked Questions*, Board of Governors of the Federal Reserve System, January 26, 2015, www .federalreserve.gov/faqs / economy 14400.htm.

30. Hanke, Steven H. "The Troubled Currencies Project." Cato Institute,September 30, 2018, www .cato .org /research /troubled-currencies.

## 第 16 章

31. I am grateful to the legendary Babson College entrepreneurship professors Jeffrey Timmons, Stephen Spinelli, and Andrew Zacharakis for the "Timmons Model of Entrepreneurship," which is the framework used for our Blockchain Investor Scorecard. Zacharakis, Andrew, et al."Appendix 1: Quick Screen Exercise." *Business Plans That Work: A uide for Small Business.* New York: McGraw-Hill, 2004.

32. Adest, Abbi. "Rupert Murdoch Comments on Fox Interactive's Growth." Seeking Alpha, August 9, 2006, https://seekingalpha .com/ article /15237-rupert-murdoch-comments-on-fox-interactives-growth.

33. Barnett, Emma. "MySpace Loses 10 Million Users in a Month."*Telegraph*, March 24, 2011, www .telegraph.co.uk /technology /myspace/8404510 /MySpace-loses-10-million-users-in-a-month.html.

34. Kahneman, Daniel. *Thinking, Fast and Slow*. New York: Farrar,Straus and Giroux, 2015.

35. Feynman, Richard P. "Cargo Cult Science." Caltech Commencement Address, 1974.

## 第 18 章

36. Buffett's actual quote is "It takes twenty years to build a reputation and five minutes to ruin it. If you think about that you'll do things differently." At least, that's the quote attributed to him in countless online articles; I was unable to find a source.

37. Harari, Yuval Noah. *Sapiens: A Brief History of Humankind*. New York: Harper, 2015, p. 180.

## 第 21 章

38. "The Four-Way Test." Guiding Principles, Rotary International,January 13, 2019, http://my.rotary .org /en /guiding-principles.

## 第 22 章

39. Wright, Emma. "Founder's Spotlight: Nimit Sawhney of Voatz."CIC,

January 14, 2018, https://cic .com /podcasts /founders-spotlight/voatz.

40. Ross, Aaron. "Protest, Tear Gas in Congo as Sassou Nguesso Seeks to Extend Rule." Reuters, March 20, 2016, www .reuters .com/article /us-congo-election-idUSKCN0WM0B2.

41. "Venezuelan Constituent Assembly Election, 2017." Wikipedia, August 2, 2018, https://en.wikipedia .org /wiki2017 /Venezuelan_Constituent Assembly election.

## 第 24 章

42. I am grateful to H. W. Brands for his excellent book, from which many of this chapter's anecdotes are taken. Brands, H. W. *The Age of Gold: The California Gold Rush and the New American Dream*. London: Folio Society, 2015.

43. Marshall, James W. "James W. Marshall's Account of the First Discovery of the Gold." The California Gold Country, www.malakoff .com /marshall.htm.

44. Lee, Alex. "Blockchain Patent Filings Dominated by Financial Services Industry." PatentVue, Envision IP, January 12, 2018, www.patentvue .com /2018 /01 /12 /blockchain-patent-filings-dominated-by-financial-services-industry/.

45. Huillet, Marie. "Wells Fargo Files Patent for Tokenization System to Protect Sensitive Data." Cointelegraph, July 18, 2018, https:// cointelegraph .com /news /wells-fargo-files-patent-for-tokenization-system-to-protect-sensitive-data.

## 第 26 章

46. Manjoo, Farhad. "How to Survive the Next Era of Tech (Slow Down and Be Mindful)." *New York Times*, November 28, 2018.

47. Szabo, Nick. "Micropayments and Mental Transaction Costs." Satoshi Nakamoto Institute, https://nakamotoinstitute .org /static/docs / micropayments-and-mental-transaction-costs.pdf.

48. This idea is similar to the Basic Attention Token (basicattentiontoken. org), except that BAT still relies on users watching ads, which is a model that's doomed to fail.

## 第 27 章

49. Graham, p. 131.

50. Personal interview, July 19, 2018.

51. Riley, Michael, et al. "The Equifax Hack Has the Hallmarks of State-Sponsored Pros." Bloomberg, September 29, 2017, www.bloomberg .com /news /features /2017-09-29 /the-equifax-hack-has-all-the-hallmarks-of-state-sponsored-pros.

## 第 28 章

52. Lacy, Sarah. "Elon Musk on the Best Way to Eat Glass." TechCrunch, https://techcrunch .com /2010 /08 /05 /elon-musk-on-the-best-way-to-eat-glass-video/.

## 第 31 章

53. Thanks to my friend Joe Peacock for inspiring the yuan pun.

54. As an agricultural product that has to be harvested, dried, and sold,it is difficult to estimate exactly how much "all the tea in China"would be worth, but estimates place any given day's supply at between $2 billion and $4 billion. With a net worth of $36 billion,Jack Ma should be able to cover it. Sources: "How Much Tea Is There in China? And How Much Is It Worth?" *Quora*, January 28,2015, https://www .quora .com / How-much-tea-is-there-in-China-And-how-much-is-it-worth; and "Jack Ma." *Forbes*, October 15,2018, www .forbes .com /profile /jack-ma/.

55. Febvre, Lucien, and Henri-Jean Martin. *The Coming of the Book:The Impact of Printing 1450–1800*. New York: Verso, 1976.

## 第 32 章

56. Zhang, Xing-Zhou, et al. "Tencent and Facebook Data Validate Metcalfe's Law." *Journal of Computer Science and Technology* 30, no.2 (2015), pp. 246–51, doi:10.1007 /s11390-015-1518-1.

57. Hundt, Reed. Wall Street Journal Business and Technology Conference. September 18, 1996.

58. 2016 Survey of Consumer Finances (SCF). Board of Governors of the Federal Reserve System, August 9, 2018, www .federalreserve.gov / econres /scfindex.htm.

## 第 35 章

59. All data taken from CoinMarketCap .com as of September 1,2018.

## 第 36 章

60. "President Barack Obama." *WTF with Marc Maron Podcast*, June 22, 2015, www .wtfpod .com /podcast /episodes /episode 613 - president barack obama.

61. Demirguc-Kunt, Asli, et al. "The Global Findex Database 2017."World Bank, 2018, https://globalfindex.worldbank .org/.

## 第 37 章

62. Personal interview, September 3, 2018.

63. "Fuel Economy of 2018 Lamborghini Vehicles." U.S. Department of Energy, October 15, 2018, www .fueleconomy.gov /feg /bymake/ Lamborghini2018.shtml.

## 第 38 章

64. Schumpeter, Joseph A. *Capitalism, Socialism, and Democracy.*Virginia: Wilder Publications, 2018.

翻轉學 翻轉學系列 056

# 區塊鏈——下一波散戶投資錢潮

投資加密貨幣，成為新世代富翁

Blockchain for Everyone: How I Learned the Secrets of the New Millionaire Class
(And You Can, Too)

| | |
|---|---|
| 作　　者 | 約翰·哈格雷夫爵士（Sir John Hargrave） |
| 譯　　者 | 張家綺 |
| 總 編 輯 | 何玉美 |
| 主　　編 | 林俊安 |
| 責任編輯 | 袁于善 |
| 封面設計 | 張天薪 |
| 內文排版 | 黃雅芬 |

| | |
|---|---|
| 出版發行 | 采實文化事業股份有限公司 |
| 行銷企畫 | 陳佩宜·黃于庭·馮羿勳·蔡雨庭·陳豫萱 |
| 業務發行 | 張世明·林踏欣·林坤蓉·王貞玉·張惠屏 |
| 國際版權 | 王俐雯·林冠妤 |
| 印務採購 | 曾玉霞 |
| 會計行政 | 王雅蕙·李韶婉·簡佩鈺 |
| 法律顧問 | 第一國際法律事務所　余淑杏律師 |
| 電子信箱 | acme@acmebook.com.tw |
| 采實官網 | www.acmebook.com.tw |
| 采實臉書 | www.facebook.com/acmebook01 |

| | |
|---|---|
| I S B N | 978-986-507-280-3 |
| 定　　價 | 380 元 |
| 初版一刷 | 2021 年 4 月 |
| 劃撥帳號 | 50148859 |
| 劃撥戶名 | 采實文化事業股份有限公司 |
| | 104 台北市中山區南京東路二段 95 號 9 樓 |
| | 電話：(02)2511-9798　傳真：(02)2571-3298 |

國家圖書館出版品預行編目資料

區塊鏈——下一波散戶投資錢潮：投資加密貨幣，成為新世代富翁 / 約翰·
哈格雷夫爵士（Sir John Hargrave）著；張家綺譯. – 台北市：采實文化，
2021.4
360 面；14.8×21 公分. --（翻轉學系列；56）
譯自：Blockchain for Everyone: How I Learned the Secrets of the New
　　　Millionaire Class (And You Can, Too)
ISBN 978-986-507-280-3（平裝）

1. 電子貨幣 2. 電子商務

563.146　　　　　　　　　　　　　　　　　　　　110001711